国家电网
STATE GRID

国网浙江省电力有限公司
STATE GRID ZHEJIANG ELECTRIC POWER COMPANY

电力零购项目管理一本通

国网浙江省电力有限公司　编

中国电力出版社
CHINA ELECTRIC POWER PRESS

图书在版编目（CIP）数据

电力零购项目管理一本通 / 国网浙江省电力有限公司编 . — 北京 : 中国电力出版社 , 2020.12
ISBN 978-7-5198-5109-5

Ⅰ . ①电… Ⅱ . ①国… Ⅲ . ①电力工业—工业企业管理—项目管理 Ⅳ . ① F426.61

中国版本图书馆 CIP 数据核字（2020）第 205334 号

出版发行：中国电力出版社
地　　址：北京市东城区北京站西街 19 号　邮政编码：100005
网　　址：http://www.cepp.sgcc.com.cn
责任编辑：杨敏群（010-63412531）柳　璐
责任校对：黄　蓓　常燕昆
装帧设计：北京宝蕾元科技发展有限责任公司
责任印制：钱兴根

印　　刷：北京博图彩色印刷有限公司
版　　次：2020 年 12 月第一版
印　　次：2020 年 12 月北京第一次印刷
开　　本：880 毫米 ×1230 毫米　32 开本
印　　张：4
字　　数：70 千字
定　　价：28.00 元

本书编委会

主　　任　夏　翔　毛丽荣　解志良

副 主 任　刘洪鑫　谢颖捷

委　　员　徐非非　方建亮　曹　阳　储学立

本书编写组

主　　编　黄　剑

编写人员　赵志强　麻跨洲　刘　杨　李　辉　王子豪　陈龙俊　陈俞任

万远勇　丁　鸽　周海波　施进平　徐文军　文洪君　潘　夏

吴　城　吴伟玲　唐超颖

前 言

为全面贯彻落实中央精神和决策部署，加快电力市场体系建设，电力企业持续深化电力体制改革工作。在“放管服”和优化营商环境的要求背景下，推动电网和服务升级更对电力企业内部管理升级提出了更高的要求。电力固定资产零星购置项目（简称零购项目）管理工作直接关系到固定资产设备在电力企业生产、办公和管理方面发挥的作用，不仅是落实国家电网有限公司建设具有中国特色国际领先的能源互联网企业战略规划的重要抓手，更是全面深化改革的内在要求、实现管理升级的重要路径。因此，进一步加强电力零购项目管理具有重要的意义。

本书分为基础篇、管理篇和案例篇，内容全面覆盖了电力零购项目基础概念、规范要求、管理流程、操作要点和典型案例，也参考了国网丽水供电公司在电力零购项目管理中的一些实践经验，希望能够为广大从事电力零购项目管理的人士提供帮助。

本书在编制过程中得到了各相关部门领导、专家的大力支持，在此表示由衷的感谢！同时，由于时间仓促、作者水平有限，书中难免有疏漏和不妥之处，欢迎广大专家、读者提出宝贵意见和建议。

目录

CONTENTS

PART 1
基础篇

本篇内容为零购项目管理的入门知识，主要指导读者理解零购项目管理的宏观概念和主要要素，通过对零购项目管理的定义、分类、流程、术语等建立起对于零购项目管理的概念认知。

一、零购项目管理概述

（一）零购项目管理定义

电力固定资产零星购置项目（简称零购项目）是指在公司固定资产目录内未纳入工程项目管理、可以独立发挥作用且无建筑安装工程量的设备等固定资产，主要包括交通运输车辆、生产管理用工器具、仪器仪表及测试装备、办公及辅助用品和其他零购设备。

零购项目的实施，能够快速地实现生产、办公及管理方面的优化，快速提升生产及日常办公的工作效率和效果。零购项目管理覆盖项目的投资决策到项目结束的全过程，其中涉及计划、组织、指挥、协调、控制和评价等工作，因此，零购项目管理者需要具有优秀的统筹协调能力和良好的表达能力。本书以县级供电企业零购项目管理实践为主。

（二）零购项目分类

按照固定资产、投资规模、管理层级和专业设备，零购项目共有四种分类方式。

1. 按固定资产分类

包括公务车辆、生产服务车辆（含生产管理车辆、生产普通车辆、生产特种车辆、产业类服务车辆）和其他特种运输（含船只等）设备等。

交通运输车辆

包括制造、检修维护设备和生产、安全与应急工具等。

生产管理用工器具

包括发电、输电、变电、配电、通信、营销、自动控制等专业测试设备、仪器仪表等。

仪表器及测试装备

包括个人办公用电子计算机（台式机、笔记本电脑等），打印、复印、扫描、传真等办公设备，印刷机、电动切纸机、电动订书机等印刷设备。

办公及辅助设备

包括为生产生活服务的其他零购设备等。

其他

2. 按投资规模分类

全部交通运输车辆及总部统一部署的专业零购设备，公司总部负责立项审批批复。

除限上项目以外的项目，省公司级单位负责立项、审批与批复。

3. 按管理层级分类

总部管理项目

- 交通运输车辆
- 公司统一部署的专业零购设备
- 30 万元以上的非车辆零购设备

省公司管理项目

- 单项投资 30 万元以下的非车辆零购设备

4. 按专业设备分类

专业设备分类	负责部门	配合专业
交通运输车辆	运检部	财务、物资、综合服务中心
检修专业设备 [包括生产运维、检（抢）修装备、安全与应急工器具、通信和信息化工器具等]	运检部	财务、物资、安监
规划专业设备（包括工程建设和规划设计相关工器具等）	发展（建）部	财务、物资、设计院
建设专业设备（包括仪器仪表、测试设备及施工机械等）	发展（建）部	财务、物资
运行专业设备（包括调度自动化、继电保护相关工器具、仪器仪表、测试设备等）	调控中心	财务、物资
营销专业设备（包括营销相关低压运维装备、测量仪器仪表、营业终端等）	营销部	财务、物资
其他专业设备及办公辅助用品	办公室	财务、物资、综合服务中心、人资、信通等

（三） 零购项目管理特点

1. 零购项目管理特点

在国家要求推进“放管服”改革的背景下，零购项目不仅是落实国家电网有限公司建设具有中国特色国际领先的能源互联网企业战略规划的重要抓手，更是全面深化改革的内在要求、优化管理的重要实践和强化管控的有效途径。

2. 国网丽水供电公司零购项目管理特色经验

国网丽水供电公司是国网浙江省电力有限公司零购项目“放管服”落地的试点单位，他们因地制宜，先行先试，结合公司自身发展与管理需求，率先形成一套可复制、可推广的“一型四化”精益型管理模式。

标准化流程规范
有效提高执行力

- 建立标准制度
- 编制规范手册指南
- 完善沟通机制

精细化细节把控
形成立体信息网络

- 创建管理地图
- 细化职责到岗
- 构建立体信息网

定量化科学分析
推动业务改进

- 强化风险控制
- 监控指标动态
- 建立成效评估

信息化技术赋能
提升项目管理效率

- 信息汇聚共享
- 业务数据化
- 流程自动化
- 监控立体化

围绕“一型四化”精益型管理模式，国网丽水供电公司特色做法如下：

一是抓住问题根源，提前布局改进 提早开展零购项目执行分析，通过量化方式定位主要问题，明确改进方向；编制下发《零购项目管理提升行动方案》，召开启动大会，明确管理目标、团队、措施和完成时间，进一步明确提升路径。

二是优化管理维度，保障计划刚性 进行信息整合，增加项目物料编码、数量等项目管理维度，结合年度招标计划，形成以“项目—物料—招标”节点一一对应的细化管控计划，为后续项目跟踪提供依据；年度综合计划下达后，召开年度计划平衡会议，协调各专业需求，明确项目节点计划，确保计划刚性执行。

三是深化业财协同，紧抓进度管控 公司组织财务、发展、物资等相关部门，对预算编制、调整等环节开展联合审查，确保预算准确。以预算、计划节点为维度，定期下发月度执行情况通报，利用 ERP 和线下表格双向管理的方式，实施项目进度预警“清单”跟踪机制，抓好项目节点进度管控。

四是完善业务流程，规范系统操作 全面梳理线上及线下管理流程，以不同图文和颜色展示不同招标方式的管理流程及要求，消除工作导向不明、职责界面不清等问题；编制《零购项目管理细则》，明确管理要求，确保管理流程全面闭环。编制零购项目标准化操作手册，解决基层工作人员操作标准不清、业务上手困难等方面问题。

五是定期通报考核，确保刚性执行 推行“4+1”指标管控体系，对项目节点计划执行情况以“周管控、月通报、季考核”的方式进行公布。定期召开零购项目计划月度平衡会，将考核结果纳入公司同业对标和业绩考核，做好“三及时”（及时跟踪、及时通报、及时调整），确保项目计划刚性执行和灵活调整，实现精准投资。

自 2019 年 1 月“一型四化”精益型管理模式在国网丽水供电公司实行以来，公司全年累计完成零购项目 149 个，全省首家完成零购项目执行，月度节点执行完成率为 100%，项目关闭及时率为 100%。

二、零购项目管理流程

零购项目管理主要可分为前期准备阶段、项目实施阶段和评价管理阶段三个阶段。其中前期准备阶段包含从项目需求管理征集到项目计划管理的一系列管理工作；项目实施阶段主要包含项目招标采购、合同履约和物资出入库等管理工作；评价管理阶段主要是结合项目实施结果和生产经营情况，在全面分析总结的基础上，重点对项目目标、可持续性、实施结果及影响等进行的评价工作。

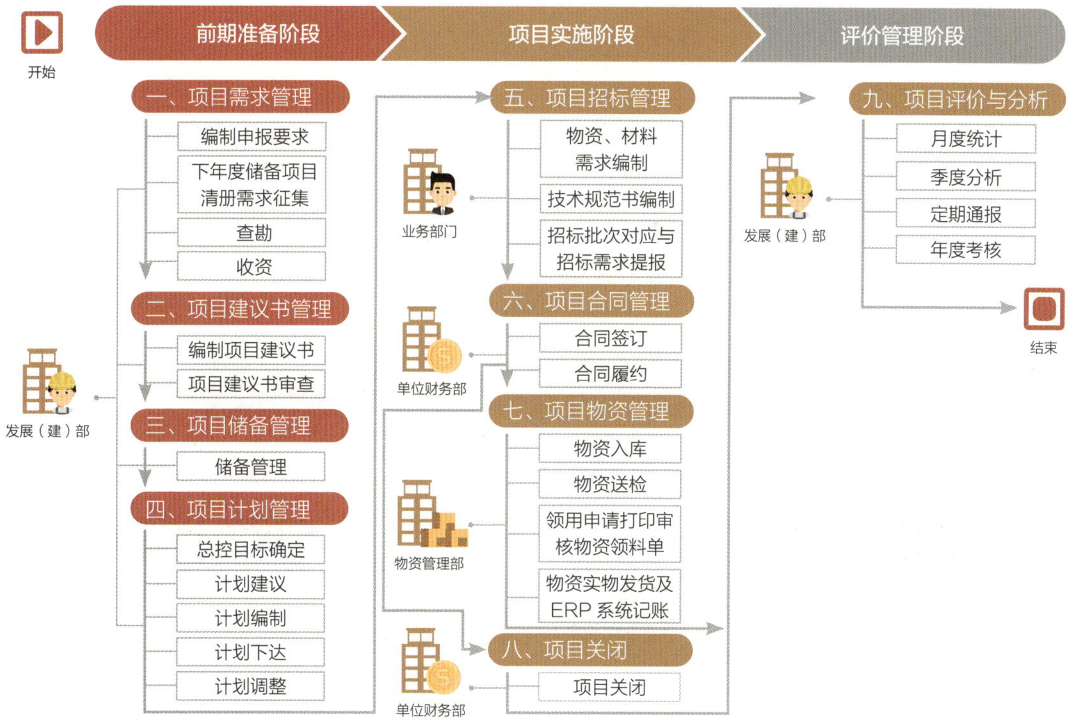
开始
前期准备阶段
项目实施阶段
评价管理阶段
一、项目需求管理
编制申报要求
下年度储备项目清册需求征集
查勘
收资
二、项目建议书管理
编制项目建议书
项目建议书审查
三、项目储备管理
储备管理
四、项目计划管理
总控目标确定
计划建议
计划编制
计划下达
计划调整
发展（建）部
五、项目招标管理
物资、材料需求编制
技术规范书编制
招标批次对应与招标需求提报
业务部门
六、项目合同管理
合同签订
合同履约
单位财务部
七、项目物资管理
物资入库
物资送检
领用申请打印审核物资领料单
物资实物发货及ERP 系统记账
物资管理部
八、项目关闭
项目关闭
单位财务部
九、项目评价与分析
月度统计
季度分析
定期通报
年度考核
发展（建）部
结束

三、相关系统介绍

2020年起，零购项目年度综合计划编制与上报工作在“网上电网”和“互联网＋发展平台”采用双轨制运行。

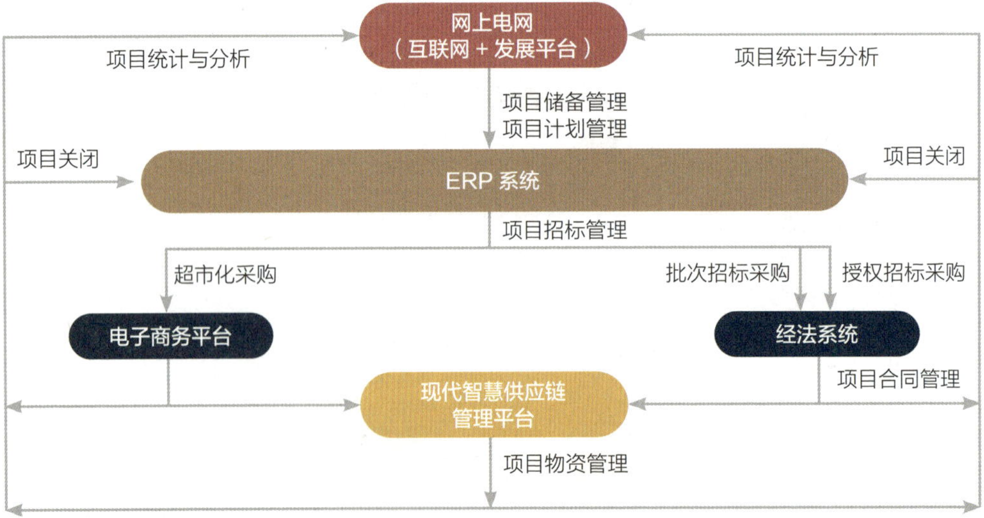

四、术语定义

1 超市化采购

通过使用的采购策略确定协议供货商，明确物资品种、规格型号、价格、配送及服务标准，形成企业内部电子化超市采购平台，实现需求计划提报简单直观、采购过程规范快捷、配送服务高效优质的目的，促进物资集约化向纵深方向发展。

2 授权招标采购

因零星、专业特殊、地域限制等原因，不具备集中实施条件，或集中实施采购不符合效率效益原则的采购需求，由公司总部和各单位授权下一级单位组织的一种实施的采购模式。

3 批次招标采购

由国家电网有限公司、省公司统一组织的一种招标方式，是采购过程中为了区分不同供应商之间相同产品间微小区别的管理方式。

4 ERP

企业资源计划，是指建立在信息技术基础上，以系统化的管理思想，为企业员工及决策层提供决策手段的管理平台。SAP 软件是德国索爱普公司开发的 ERP 软件，在电网企业中广泛应用。

5 综合计划

综合计划是以公司发展战略和规划为指导，在对市场环境、发展经营等综合分析的基础上，对发展需求与能力进行综合平衡、优化后形成的公司年度计划目标和实施方案。综合计划管理是对综合计划的项目储备、编制、平衡、下达、执行、分析、检查、调整、考核考评的全过程闭环管理。

6 项目编码

项目定义，是 SAP 项目的唯一编码，由 12 位符号（字母或数字）组成，用来标识项目。

7 设备编码

设备台账的唯一编码，分为 PMS 设备编码和 PM 设备编码。

8 资产编码

又称 AM 编码，资产卡片按照不同资产分类系统自动生成的唯一流水号。

9 “二下二上”

在项目预算环节，一下指省公司根据国家电网有限公司下达的年度投资预算总控目标分解至各单位；一上指各单位按项目编制上报年度投资预算；二下指省公司根据国家电网有限公司下达的年度投资预算分解至各单位；二上指各单位按单项工程单项费用维度编制上报年度投资预算。

PART 2

管理篇

本篇内容为零购项目管理相关内容，主要以项目管理专职工作内容为主，包括项目前期准备阶段、项目实施阶段和评价管理阶段的工作内容，并对每个环节工作内容、工作流程、工作要点等要素做详细阐述。

前期准备阶段

一、项目需求管理

（一）含义

零购项目需求管理是针对企业发展战略规划，落实项目从规划到投资计划建议的过程管理，包括编制零购项目申报要求、下年度储备项目清册需求征集、现场查勘、项目收资四个环节。

（二）流程及管理要点

❶ 编制申报要求

发展（建）部

明确申报要求

❷ 下年度储备项目清册需求征集

发展（建）部

需求征集

组织填报项目相关内容

❸ 查勘

发展（建）部

现场勘查

调整修改

❹ 收资

发展（建）部

- 采购需求单位基本情况
- 项目基本情况
- 项目总投资、资金筹措、固定资产投资估算等

1. 编制申报要求

每年 6 月，零购项目管理专职根据上级储备工作要求和《零购项目储备分类标准》，组织各级专业管理部门明确申报要求。

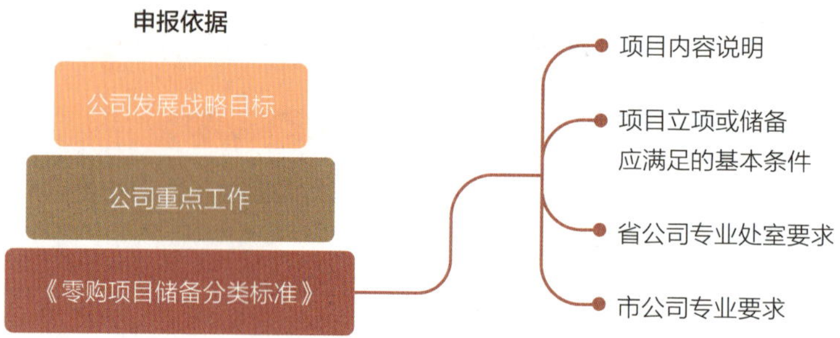

要点提示

零购项目储备应符合专业发展重点方向，保障重点工作开展。申报要求应根据国家电网有限公司、省公司的要求和原则进行细化落实。

2. 下年度储备项目清册需求征集

零购项目管理专职根据“零购项目储备分类标准”和储备工作通知要求组织各单位进行需求征集。

零购项目管理专职按照省公司统一下发的提资模板，组织各项目管理人员填报相关建设规模、建设现状和必要性。

项目内容	需要描述清楚项目建设主要内容、范围和规模
总投资	跨年度实施项目总投资为当年投入与其他年度投入之和，不跨年项目，总投资等于当年投入
项目建议书情况	选填：未编制、已编制未批复、已批复
项目类别	• 限上项目（交通运输车辆；公司统一部署的专业零购设备）；限下项目（30 万元以上的非车辆零购设备）； • 单项投资 30 万元以下的非车辆零购设备

要点提示

这里要尤其注意固定资产与低值易耗品的区别：

- **固定资产**是指企业为生产产品、提供劳务、出租或者经营管理需要而持有的、使用时间超过 12 个月，购置价值 5000 元或以上的非货币性资产，包括房屋、建筑物、机器、设备、器具、工具等。只有符合固定资产的性质才能放入储备项目的需求。
- **低值易耗品**是指劳动资料中单位价值在 10 元以上、5000 元以下，或者使用年限在一年以内，不能作为固定资产的劳动资料。

3. 查勘

发展（建）部对各个相关业务部门申报提交的项目需求进行评估，结合部门实际情况现场勘查，落实分配好各部门的实际相关需求。

要点提示

（1）深入论证项目必要性、可行性和经济性，确保项目可研（方案）内容完整、结论明确、实施可行。
（2）零购管理部门确保对零购项目的数量和规模加以控制。
（3）切实落实电网规划以及上级对投资方向的要求。
（4）查勘步骤：

- 根据各部门提报的项目需求，前往实地进行现场勘查，重点关注提报项目的真实性，对项目需求的规模进行具体定性。
- 根据现场勘查的结果，对需求提报部门进行反馈工作，针对现场勘查时发现的问题进行调整修改。

4. 收资

收资是指对公司零购项目进行资料收集，包括采购需求单位基本情况、项目基本情况、项目总投资、资金筹措情况以及固定资产投资估算等相关资料。

收资主导部门为公司发展（建）部，由发展（建）部牵头，各个项目需求提报部门做好相关资料收集以及后续采购工作。

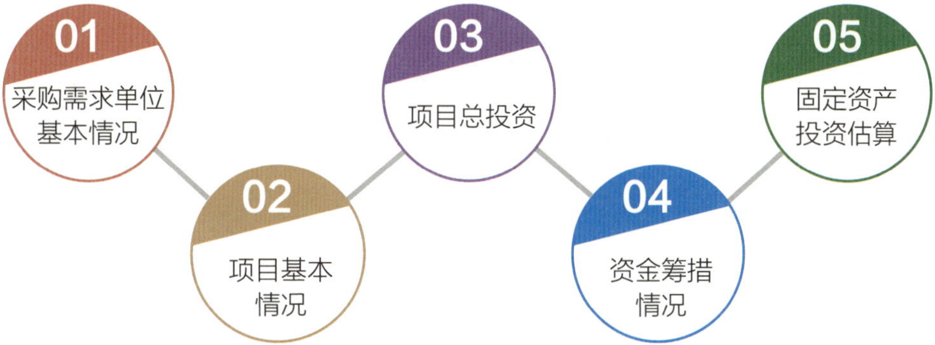

二、项目建议书管理

（一）含义

为了更好地了解各个业务部门对固定资产零购的需求，从全局宏观上论述项目设立的必要性和可行性，把零购项目投资的设想变为概略的投资建议，项目建议书管理成为前期准备阶段不可缺少的一项工作。

项目建议书由业务部门按需提报，对项目必要性、合理性、财务合规性以及投资概况进行基本介绍，并由上级主管部门进行审核。

项目建议书可以供上级专业部门做出初步决策，它可以减少项目选择的盲目性，为下一步项目可行性研究奠定基础。

（二）流程及管理要点

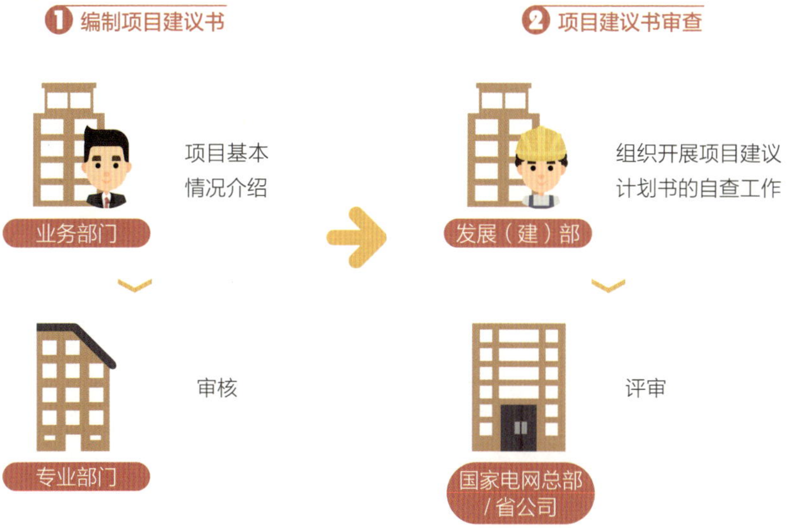
1 编制项目建议书
项目基本
情况介绍
业务部门
审核
专业部门
2 项目建议书审查
组织开展项目建议
计划书的自查工作
发展（建）部
评审
国家电网总部
/省公司

1. 编制项目建议书

项目名称	按照零购项目命名规则命名
项目实施单位	项目实施单位
资产性质	资产归属情况
购置年度	物资采购年度
项目必要性	从现状、问题、技术、经济等方面论证项目的必要性
项目方案	提出配置方案、标准、废旧资产处置建议；制定项目实施时序
经济性与财务合规性	论述项目在前期立项阶段是否符合各项强制性财务管理规定要求，在投入产出方面的经济可行性与成本开支的合理性
项目投资	对各项费用的投资金额及分配列表说明
项目效益分析	从管理效益、经济效益和社会效益等方面分析
购置明细	对主要设备材料表进行明细说明
投资效益分析	从管理效益、经济效益和社会效益等方面分析

项目管理建议书填写示例：

固定资产零星购置项目建议书		
项目名称		国网浙江丽水市 ×× 区供电公司 无人机购置
项目实施单位		国网浙江丽水市 ×× 区供电公司
资产性质（公司总部 / 公司分部 / 省级公司 / 直属单位 / 直管 / 控股 / 代管）		代管县公司
购置年度		2018 年
项目必要性	目前存量情况	目前未配置无人机
	存在的问题	电网规划、前期工作中，很多站址、路径廊道和环评敏感点没有整体、直观的图像支撑，需要人工反复多次确认，并且难以达到准确性，影响后期方案设计
	配置必要性	无人机能在条件复杂和人工难以达到的地方开展工作，有利于提高规划前期工作的效率，提供直观清晰的图像支撑，高效辅助工程设计

续表

<table>
<tr><td rowspan="3">项目方案</td><td>配置方案（包含设备选型、实施时间等）</td><td>Phantom 4 pro 2 台，实施时间为 2018 年</td></tr>
<tr><td>配置标准</td><td>发展策划部配置 2 台，用于规划和项目前期工作。无人机：质量 1388 克；最大飞行时间 30 分钟；定位 GPS/GLONASS 双模；最大遥控距离 7000 米；电池 5870 毫安时；像素 2000 万；4K3840×2160P</td></tr>
<tr><td>废旧资产处置建议（附技术鉴定意见）</td><td>无废旧资产</td></tr>
<tr><td rowspan="2">经济性与财务合规性</td><td>经济性</td><td>按照同期市场价格编制投资估算。申请的零购项目估算价格与市场价格及名录中各类设备的历史中标价格的差异在合理范围内</td></tr>
<tr><td>财务合规性</td><td>不存在分拆立项、不存在超标准、超规格购置，零购项目全部纳入资本性支出</td></tr>
<tr><td colspan="2">项目投资（万元）</td><td>× 万元（不含税 × 万元，增值税 17%）</td></tr>
<tr><td colspan="2">效益分析</td><td>通过完善仪器设备配置，提高电网规划和项目前期工作水平</td></tr>
</table>

续 表

购置明细						
名称	规格及型号	数量	单价（万元）	合计（万元）	单价依据	审核专业
无人机	Phantom 4 pro	2	×××	××万元（不含税×××万元，增值税 17%）	网络询价	发展（建）部
编制：×××			审核：×××		批准：×××	
注 1. 配置标准应重点说明确定零购设备购置规模的依据或配备原则。 2. 单价依据应说明确定设备单价的依据。 3. 审核专业主要包括公务用车（后勤部）、规划[发展（建）部]、建设（基建部）、运行（调度中心）、检修（运检部）、营销（营销部）、办公及其他（办公厅）、生产服务用车（运检部）、运检部（安监部配合）、办公厅（科技部配合）、办公厅（人资部配合）、办公厅（信通部配合）、办公厅（财务部配合）、办公厅（产业部配合）等。						

要点提示

（1）命名规则。

- 新购设备：项目所属单位 + 设备名称 + 购置
  示例：国网丽水供电公司打印机购置
- 更新项目：项目所属单位 + 设备名称 + 报废更新
  示例：国网丽水供电公司生产特种车辆报废更新
- 说明：单位简称要按照项目实施单位，写到县公司层面。

（2）已批复可研的零购项目，在实施中如果可研条件或实施情况发生变化，须重新编制、审批可研报告或项目说明书。

2. 项目建议书审查

零购限上项目建议书由省公司初评后上报国家电网有限公司评审；零购限下项目建议书由省公司组织评审及批复。

项目建议书在提交审查前，各单位需组织自行审查。提交审查前，各个单位可由发展（建）部牵头，组织各个需求提报部门，开展项目建议计划书的自查工作，确保提交项目建议计划书的真实准确性。

要点提示

（1）零购项目建议书评审要侧重于项目必要性、项目主要技术方案可行性、项目投资测算合理性。
（2）未履行项目建议书评审程序的，不得纳入项目储备。

三、项目储备管理

（一）含义

项目储备管理是落实项目从需求到投资计划建议的过程管理，包括储备的建立、完善、补充、调整等各环节。项目储备好坏决定项目申报是否及时、有效和质量的优劣。零购项目储备是为计划做准备，未进入储备不得纳入计划，原则上完成评审即可纳入储备，批复后，方可纳入综合计划安排。

公司发展（建）部是项目储备工作的归口管理部门，组织统筹推进项目储备工作；各专业、各单位负责梳理项目需求，完成项目论证、审批。

（二）流程及管理要点

（1）储备项目必须完成项目建议书或各专业购置计划审批表编制与审核，并按照项目实施轻重缓急进行排序。

（2）各级零购项目实施管理部门在向上级零购项目实施管理部门报送储备项目时，同时报送本单位发展（建）部和财务部。

（3）零购项目储备实行动态管理。

● 按照国家电网有限公司要求，重点储备一线生产需求项目，严控非生产性项目，对老旧更新性质的仪器仪表工器具等需求，结合资产现状严格论证；对交通运输车辆项，严格执行总部和公司车辆管理制度规定，优先保障生产用车需求，压控公务用车购置需求；对办公及辅助设备购置项目，做好新组建单位需求统筹。

● 根据公司经营发展需要，可对储备项目进行调整。对零购储备项目进行调整时，应逐级履行申报、审查、评级和批准程序。

● 下一年度建立储备项目时，应对上一年零购储备库中的剩余项目进行梳理，重新统筹考虑。

要点提示

（1）未取得评审意见或批复的项目不得进入储备库。
（2）入库项目名称应与批复项目名称严格一致。

（三）重点系统操作

1. 互联网 + 发展平台

（1）登录：

在“综合计划”，菜单栏选择“储备项目管理”功能。

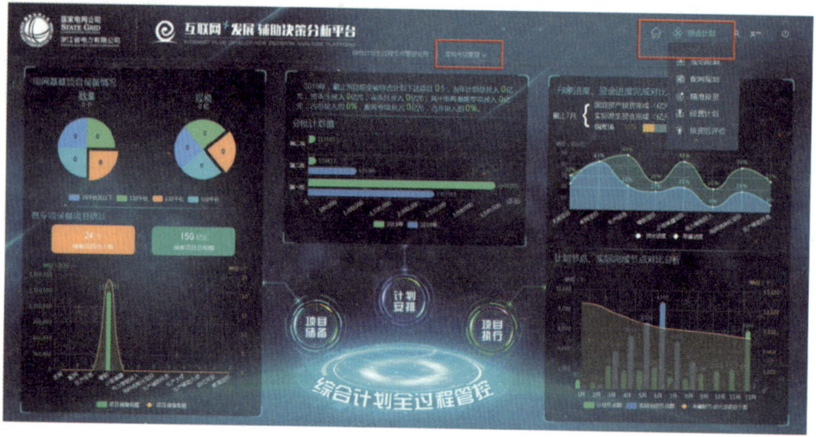

（2）储备计划导入：

可通过新增或模板导入两种方式进行计划储备：

1）“新增”按钮用于手工添加单独项目，其中带红色“*”号的字段为必填字段，填入信息后点击“确定”按钮进行保存。

2）点击“模版下载”按钮可以下载模版，完成模版的填写后点击“数据导入”按钮，在弹出框中选中编辑好的模板，并点击“确定”即可导入项目，如果项目编码已经存在或缺少必要字段，系统会出现弹出框提示错误（校验 ERP 是否建项，按照项目类型逐个导入）。

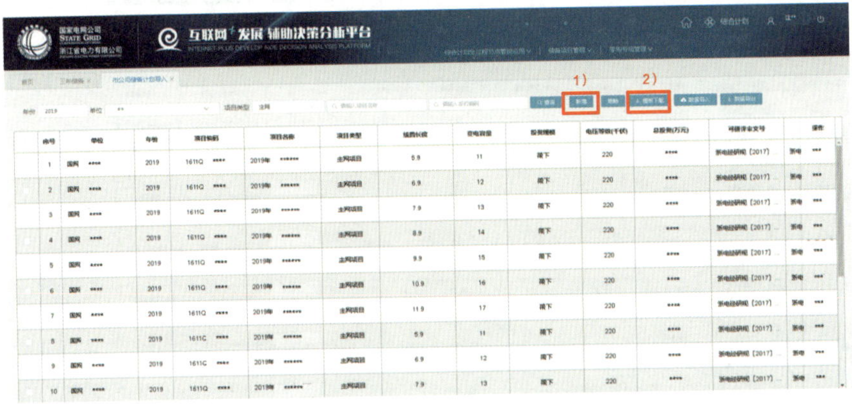

（3）储备项目上报下发：

1）在下方项目列表左侧复选框进行勾选并点击“上报 / 下发”按钮，可以将项目上报 / 下发。

2）点击“批量上报 / 下发”按钮后将上报所有项目。

3）将状态为“已上报 / 下发”的项目在下方项目列表左侧复选框进行勾选并点击“撤回”按钮，可将项目状态改回“未上报 / 下发”。

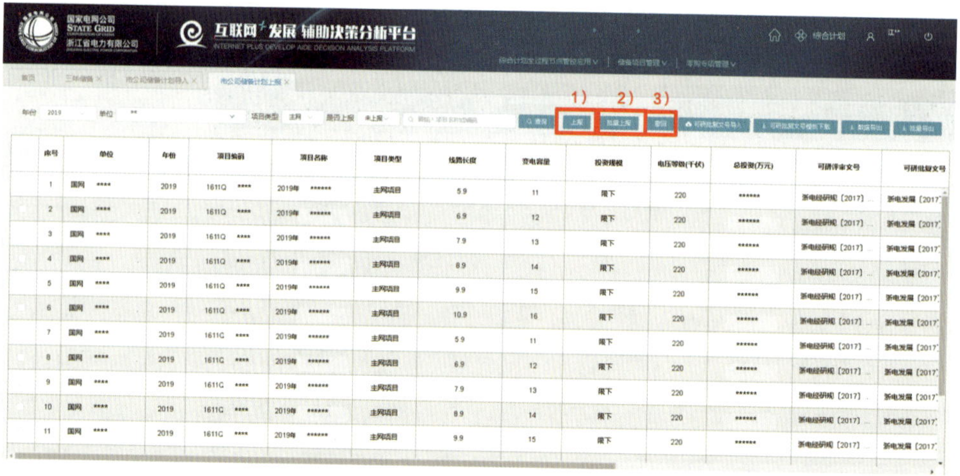

（4）市公司储备计划审核：

1）在下方项目列表左侧复选框进行勾选并点击“审批通过”按钮，项目可以进入储备库。

2）在下方项目列表左侧复选框进行勾选并点击“驳回”按钮，项目将在项目列表中消失，但是会在下级公司的“储备项目上报下发”中显示驳回状态，需要负责人编辑项目后重新进行上报 / 下发操作。

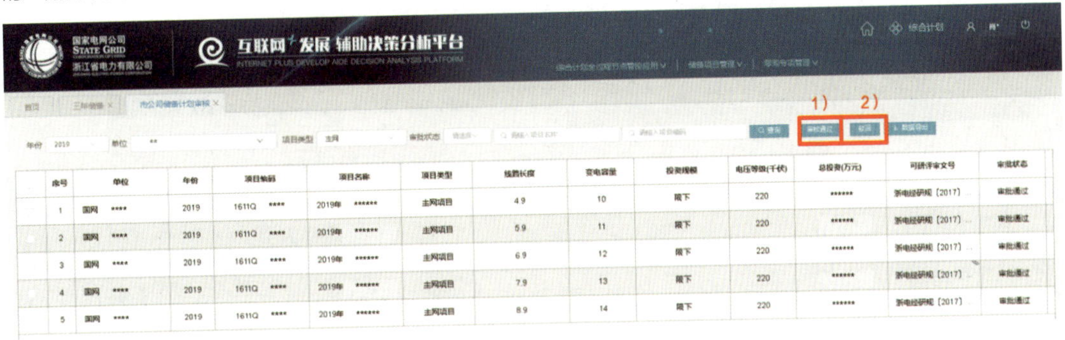

（5）储备库上报下发计划查询：

1）在上方可以通过年份、单位、项目类型、项目名称、项目编码、审批状态、是否上报下发，并点击“查询”按钮，进行项目筛选。

2）点击“数据导出”按钮可以将项目列表展示的项目导出成 Excel 文件。

3）点击“批量导出”按钮可以在勾选项目复选框后，将勾选的项目导出。

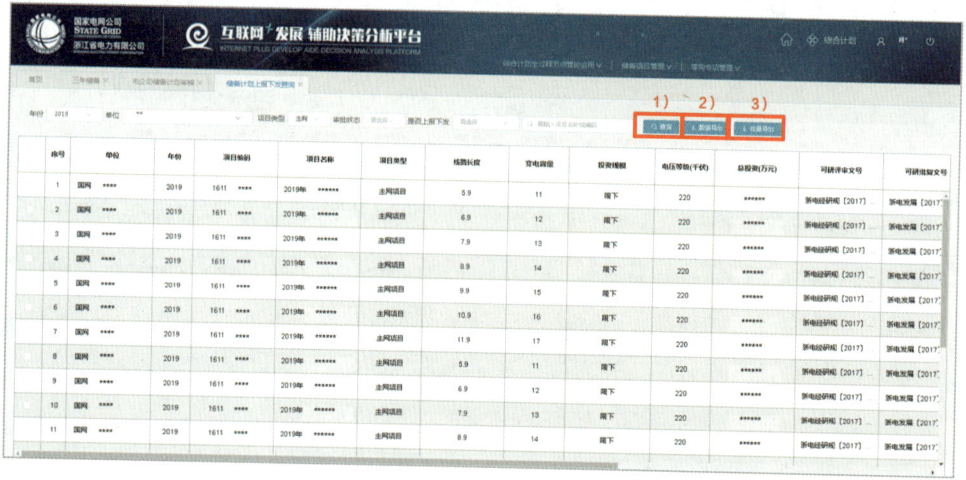

（6）储备库查询：

1）在上方可以通过年份、单位、项目类型、项目名称、项目编码，并点击“查询”按钮，进行项目筛选。
2）点击“导出”按钮可以将项目列表展示的项目导出成 Excel 文件。
3）备注：需要审批通过并且可研批复文号不为空的项目可以在本功能中查看。

2. 网上电网系统

（1）系统登录：

1）打开谷歌浏览器，打开浏览器主页面输入应用系统地址 http://pis.sgcc.com.cn/PowerInfo，进入系统登录界面。

2）选择登录“单位”，输入“用户名”“密码”单击【登录】进入系统操作主界面。

3）在窗口左下角，单击图标展开主菜单，选择“固定资产零购管理”图标进入系统零购模块。

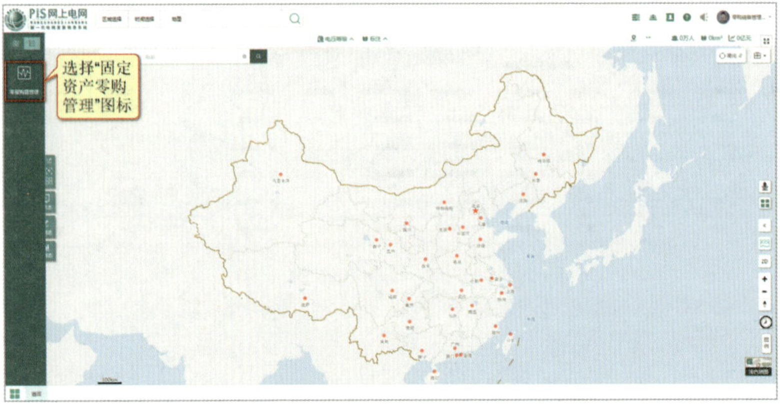

（2）手工增加操作：

1）项目储备年份应选择计划下达年。

2）单击“手工增加”后，弹出“选择增加项目类型”对话框，应选择“项目”，进入项目储备录入页面。

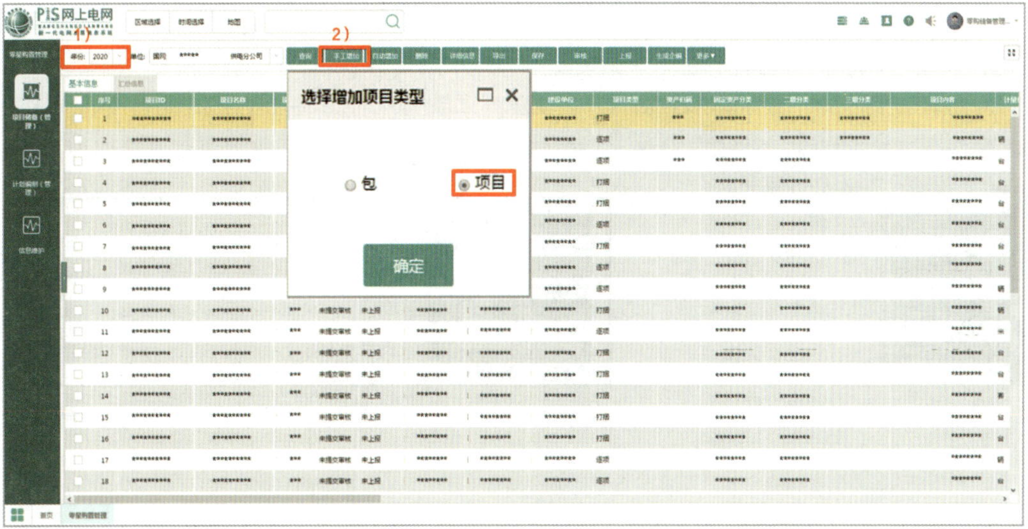

（3）项目储备录入页面填写：

1）填写“项目信息”页签信息，带“*”的必须维护。

2）录入项目名称要规范，零购项目命名规则如下：单位名称＋设备名称＋购置/报废更新，项目名称不可重复，重复时系统将提示项目名称已存在，可在项目名称后通过维护数字进行区分。

3）项目信息保存后可单击页面上方“生成企编”会自动生成。

4）项目类型：根据数量系统自动判断，“1”为逐项，大于 1 为打捆。

5）选择固定资产分类，只有车辆有三级分类；直接选择“二级分类”可以关联相应的固定资产分类。

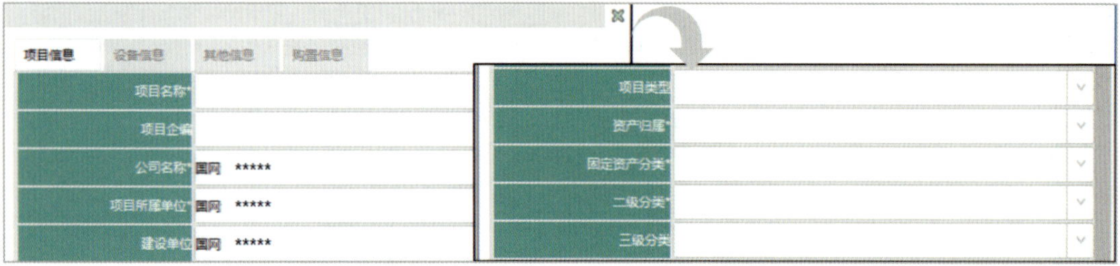

6）设备名称右侧选项，弹出“关联设备名录”窗口，固定资产分类查询条件默认带过来，可以输入设备名称，单点“查询”，在查询结果中选择设备，就会生成设备名称、项目内容、计量单位。

7）数量：车辆填 1，其他可以大于 1。

8）投资规模：除了车辆为限上项目，其他都为限下项目。

9）上传的项目建议书必须为 Excel 格式，上传的可研批复意见必须为 pdf 格式。

10）项目内容可根据所选设备名称关联设备的技术参数等信息，自动生成项目内容，项目内容也可手动编辑修改后保存。

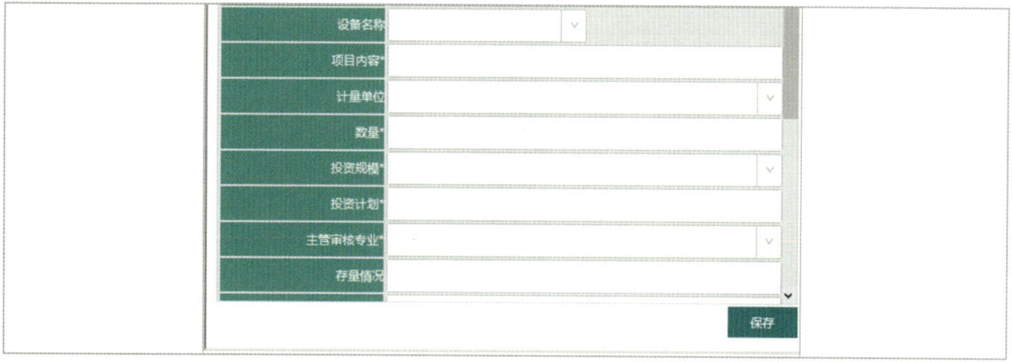

（4）车辆设备信息和购置信息录入：

1）“设备信息”及“购置信息”页签信息，仅车辆项目填报。

2）填写需要更新报废的设备信息[车牌号码、车辆性质、车辆用途（报废/租赁）、车辆类型（报废/租赁）、配置使用单位（报废/租赁）、车辆品牌（报废/租赁）、行驶里程、配置日期、是否续用车牌和资产单位名称]。

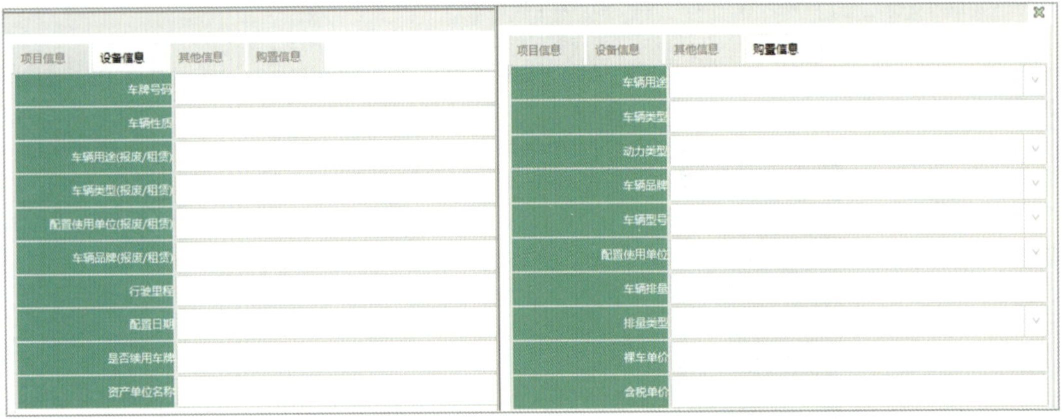

（5）审核足迹记录：

审核足迹记录项目审核足迹和数据修改足迹。

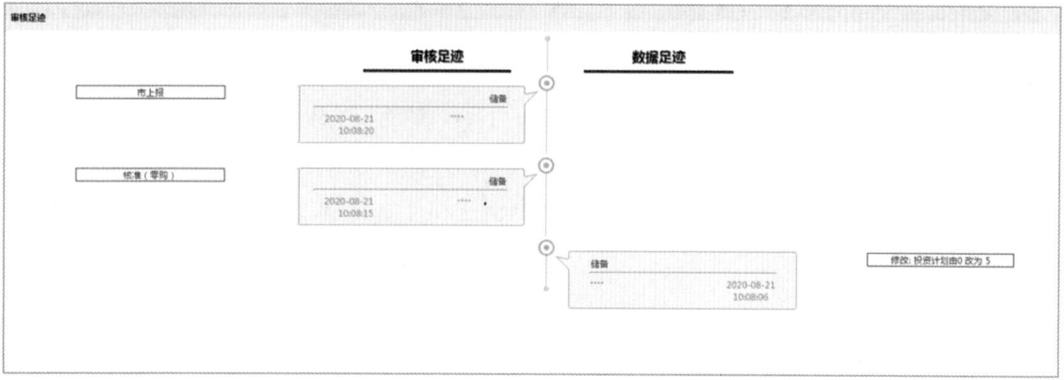

四、项目计划管理

（一）含义

计划管理是对零购项目储备、编制、平衡、下达、执行、分析、检查、调整、考核考评的全过程闭环管理。按照国网浙江省电力有限公司的计划管理要求，计划管理流程主要包含年度总控目标确定、计划建议、计划编制、计划下达和计划调整，形成了多批次、灵活高效的计划管理新模式。

（二）流程及管理要点

❶ 年度总控目标确定

省公司：统筹优化，确定各单位总控目标

市公司：安排所属单位、县公司总控目标

❷ 计划建议

发展（建）部：组织编制本年度计划建议，上报省公司

❸ 计划编制

业务部门：编写零购批次计划，完成系统操作

❹ 计划下达

省公司：批次下达项目计划

业务部门：安排采购计划

❺ 计划调整

省公司：

- 批次计划调整
- 年度计划调整

1. 年度总控目标确定

年度总控目标按照上级“二下二上”计划编制优化流程确定，作为分批分解下达的最终依据。

省公司发展部结合各单位投资能力、电网发展阶段和地区差异等因素，根据国家电网有限公司下达的总控目标，经统筹优化、综合平衡后，确定各单位总控目标。市公司按省公司下达的总控目标统筹安排所属单位、县公司总控目标。

要点提示

总控目标确定需综合考虑投资能力、投入产出效益、地区差异等因素以构建测算模型。

2. 计划建议

地市公司发展（建）部根据总控对零购专项投资分配测算，组织编制本单位固定资产零星购置年度计划建议，履行本单位相关程序后上报省公司；年度计划建议项目应来源于零购项目储备库，并按照项目轻重急缓原则排列项目。

要点提示

（1）计划分批分解，零购项目建议值要考虑购置设备数量是否充足。
（2）计划建议需与相关部门协商一致，并通过领导审核。
（3）计划建议编制需充分考虑项目紧急程度并排序。

3. 计划编制

省公司审核后，各单位业务部门根据上级分批分解批次投资额及计划项目实施进程编写零购批次计划，同时完成系统操作。

要点提示　按照批次计划在网上电网（互联网 + 发展平台）中完成操作。

4. 计划下达

省公司批次下达项目计划，零购项目必须与资金计划相对应，在项目计划未确定的情况下，不允许采用资金切块等方式下达计划。零购项目管理部门将项目计划下达至业务部门。业务部门按照计划下达积极安排采购计划，尽早发生资金。

要点提示　计划下达后及时将项目下发至各业务部门，便于尽早发起实施流程。

5. 计划调整

计划调整由省公司统一组织，包括批次计划调整和年度计划调整。相关调整情况需要履行公司相关决策程序，具体程序如下：

批次计划调整：对前一批次计划中的项目，完成后存在结余资金的，可优化调整，并安排部分新增的项目需求；因不可抗力或国家政策调整等因素，可申请批次计划调整；除以上情形外，各批次计划原则上不能随批次同步调整，严格杜绝计划调增后又调减的情况出现。

年度计划调整：每年 10 月份，根据国家电网有限公司统一安排，省公司组织开展综合计划调整；结合实际情况，提出项目调整建议；新增项目根据紧迫程度，经省公司统筹平衡后分级纳入调整；其中，总部管理项目须国家电网有限公司决策后实施，其他项目由省公司决策。

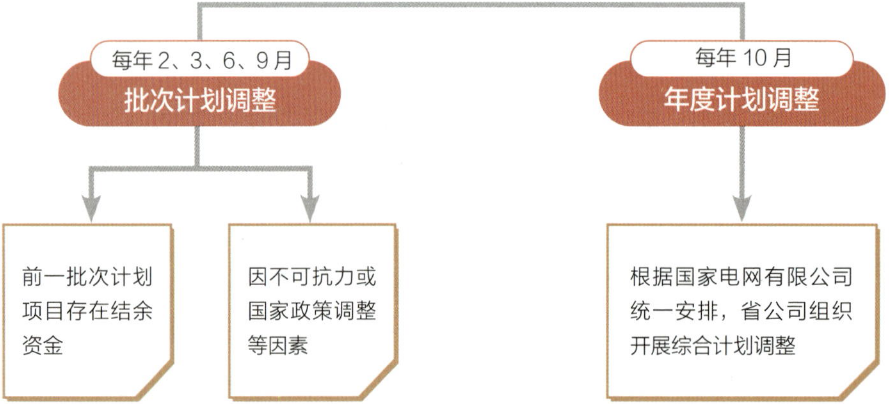

要点提示

计划调整时要与实施部门、财务资产部充分对接，考虑预算完成及税率因数。

（三）重点系统操作

1. 互联网 + 发展平台

（1）省公司项目下发：

通过下方按钮可以完成项目查询等操作（“查询”按钮为标注①、“导出”按钮为标注②、“模板下载”为标注③、“数据导入”为标注④、“同步”为标注⑤，“删除”为标注⑥）。

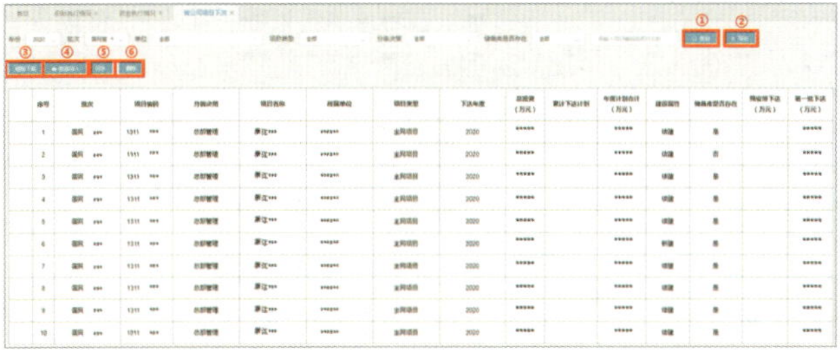

要点提示

1）若填写的模板缺少必要字段，系统会出现弹出框提示错误，同时可在弹出框处导出问题项目清单。

2）点击“同步”按钮，系统将与“储备库”功能匹配当前项目类型的所有项目，如能匹配，则“储备库是否存在”的字段变成“是”。

（2）市公司及直属单位项目上报：

通过查询项目清单，点击“上报”按钮后，将该年份该批次所有项目一次性全部上报。

序号	批次	项目编码	分级决策	项目名称	所属单位	项目类型	下达年度	总投资（万元）	累计下达计划	年度计划合计（万元）	建设属性	上报状态	审批状态	预安排下达（万元）	第一批下达（万元）
1	国网 **	1511 ***	省公司管理	浙江***	国网浙江省电...	主网项目	2020	***	***	***	新建	已上报	已审核		***
2	国网 **	1511 ***	省公司管理	浙江***	国网浙江省电...	主网项目	2020	***	***	***	新建	已上报	已审核		***
3	国网 **	1511 ***	省公司管理	浙江***	国网浙江省电...	主网项目	2020	***	***	***	续建	已上报	已审核		***
4	国网 **	1611 ***	省公司管理	浙江***	国网浙江省电...	主网项目	2020	***	***	***	新建	已上报	已审核		***
5	国网 **	1611 ***	省公司管理	浙江***	国网浙江省电...	主网项目	2020	***	***	***	新建	已上报	已审核		***
6	国网 **	1611 ***	省公司管理	浙江***	国网浙江省电...	主网项目	2020	***	***	***	新建	已上报	已审核		***
7	国网 **	1611 ***	省公司管理	浙江***	国网浙江省电...	主网项目	2020	***	***	***	新建	已上报	已审核		***
8	国网 **	1611 ***	省公司管理	浙江***	国网浙江省电...	主网项目	2020	***	***	***	新建	已上报	已审核		***
9	国网 **	1611 ***	省公司管理	浙江***	国网浙江省电...	主网项目	2020	***	***	***	新建	已上报	已审核		***
10	国网 **	1611 ***	省公司管理	浙江***	国网浙江省电...	主网项目	2020	***	***	***	续建	已上报	已审核		***

（3）市公司项目审批：

1）点击“通过”按钮后，将该年份该批次所有项目一次性全部审批通过。

2）点击“退回”按钮后，将该年份该批次所有项目一次性全部退回。

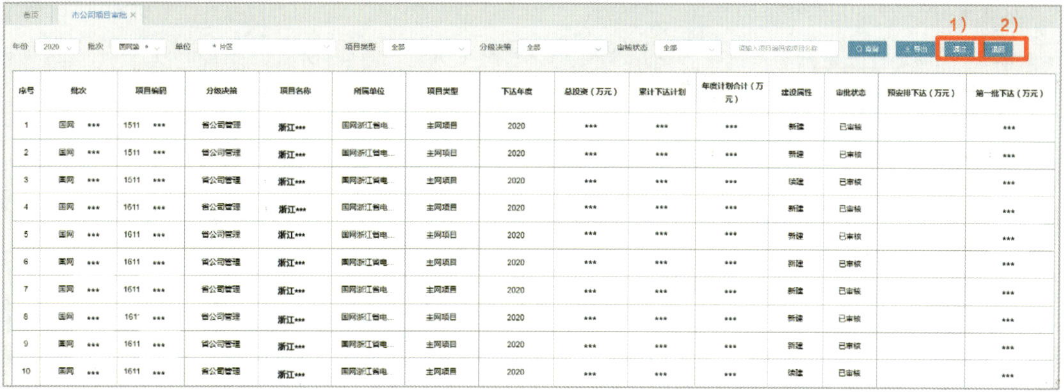

序号	批次	项目编码	分级决策	项目名称	所属单位	项目类型	下达年度	总投资（万元）	累计下达计划	年度计划合计（万元）	建设属性	审批状态	预安排下达（万元）	第一批下达（万元）
1	国网 ***	1511 ***	省公司管理	浙江***	国网浙江省电...	主网项目	2020	***	***	***	新建	已审核		***
2	国网 ***	1511 ***	省公司管理	浙江***	国网浙江省电...	主网项目	2020	***	***	***	新建	已审核		***
3	国网 ***	1511 ***	省公司管理	浙江***	国网浙江省电...	主网项目	2020	***	***	***	续建	已审核		***
4	国网 ***	1611 ***	省公司管理	浙江***	国网浙江省电...	主网项目	2020	***	***	***	新建	已审核		***
5	国网 ***	1611 ***	省公司管理	浙江***	国网浙江省电...	主网项目	2020	***	***	***	新建	已审核		***
6	国网 ***	1611 ***	省公司管理	浙江***	国网浙江省电...	主网项目	2020	***	***	***	新建	已审核		***
7	国网 ***	1611 ***	省公司管理	浙江***	国网浙江省电...	主网项目	2020	***	***	***	新建	已审核		***
8	国网 ***	161' ***	省公司管理	浙江***	国网浙江省电...	主网项目	2020	***	***	***	新建	已审核		***
9	国网 ***	1611 ***	省公司管理	浙江***	国网浙江省电...	主网项目	2020	***	***	***	新建	已审核		***
10	国网 ***	1611 ***	省公司管理	浙江***	国网浙江省电...	主网项目	2020	***	***	***	续建	已审核		***

（4）综合计划项目查询：

1）在上方可以通过年份、批次、单位，并点击“查询”按钮，进行项目查询。

2）点击“查看”按钮可以查看各单位提报用户及提报时间。点击“智能分解”按钮后，弹出框可选择省下发或市及直属单位上报的项目清单进行导出。

（5）综合计划下达：

进行项目查询，点击“导出”按钮可以导出查询后所得数据。

序号	指标	单位	总控目标	年度计划	国网第一批安排			国网第二批安排			国网第三批安排			国网第四批安排			压降比例	备注
					限上			限上			限上			限上				
					合计	总部管理	省公司管理	合计	总部管理	省公司管理	合计	总部管理	省公司管理	合计	总部管理	省公司管理		
1	****																	
2	****	万元	2	****	****	****	****	****	****	****	****	****	****	****	****	****	****	
3	****	万元	2	****	****	****	****	****	****	****	****	****	****	****	****	****	****	
4	****	万元	2.00	****	****	****	****	****	****	****	****	****	****	****	****	****	****	
5	****	万元	0	****	****	****	****	****	****	****	****	****	****	****	****	****	****	
6	****	万元	0	****	****	****	****	****	****	****	****	****	****	****	****	****	****	
7	****	万元	0	****	****	****	****	****	****	****	****	****	****	****	****	****	****	
8	****	万元	0	****	****	****	****	****	****	****	****	****	****	****	****	****	****	
9	****	万元	0	****	****	****	****	****	****	****	****	****	****	****	****	****	****	
10	****	万元	0	****	****	****	****	****	****	****	****	****	****	****	****	****	****	
11	****	公里																

（6）综合计划上报下发计划对比：

通过此表可以查看计划下达情况。

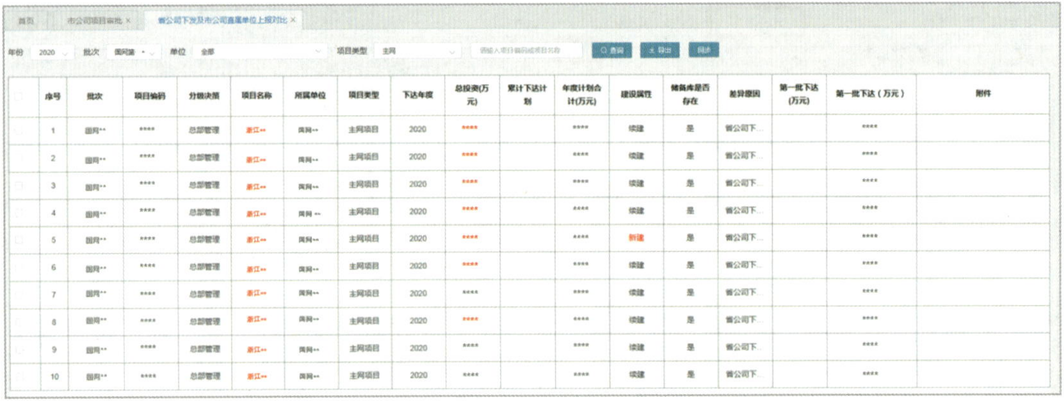

	序号	批次	项目编码	分级决策	项目名称	所属单位	项目类型	下达年度	总投资(万元)	累计下达计划	年度计划合计(万元)	建设属性	储备库是否存在	差异原因	第一批下达(万元)	第一批下达（万元）	附件
	1	国网**	****	总部管理	浙江**	闽网**	主网项目	2020	****		****	续建	是	省公司下...		****	
	2	国网**	****	总部管理	浙江**	闽网**	主网项目	2020	****		****	续建	是	省公司下...		****	
	3	国网**	****	总部管理	浙江**	闽网**	主网项目	2020	****		****	续建	是	省公司下...		****	
	4	国网**	****	总部管理	浙江**	闽网 **	主网项目	2020	****		****	续建	是	省公司下...		****	
	5	国网**	****	总部管理	浙江**	闽网**	主网项目	2020	****		****	新建	是	省公司下...		****	
	6	国网**	****	总部管理	浙江**	闽网**	主网项目	2020	****		****	续建	是	省公司下...		****	
	7	国网**	****	总部管理	浙江**	闽网**	主网项目	2020	****		****	续建	是	省公司下...		****	
	8	国网**	****	总部管理	浙江**	闽网**	主网项目	2020	****		****	续建	是	省公司下...		****	
	9	国网**	****	总部管理	浙江**	闽网**	主网项目	2020	****		****	续建	是	省公司下...		****	
	10	国网**	****	总部管理	浙江**	闽网**	主网项目	2020	****		****	续建	是	省公司下...		****	

2. 网上电网系统

（1）计划编制：

“项目选取”页面只显示已储备项目，选好项目后确定，返回计划编制页面，编制年度计划。

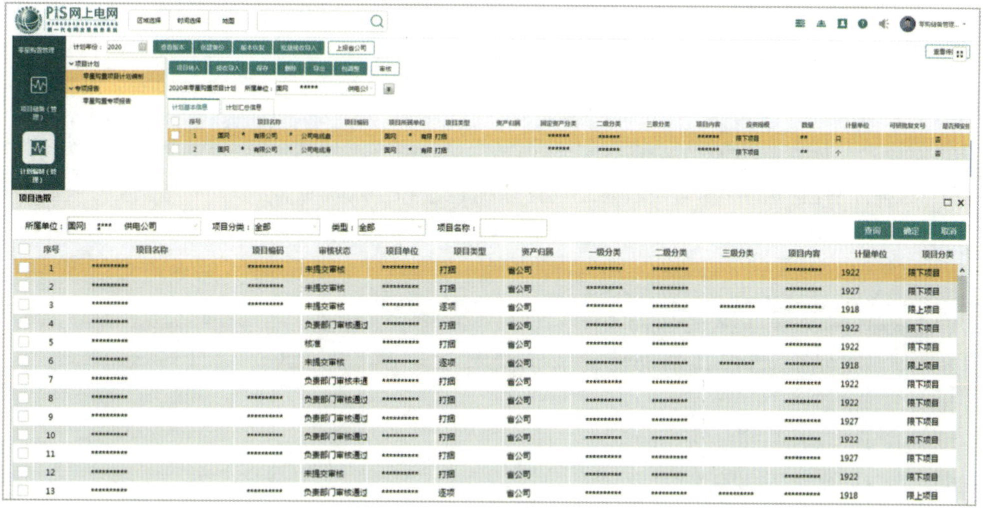

（2）计划审核：

单击“审核”，对当前所选择的项目进行审核，显示“审核完成”完成操作。

（3）计划上报：

1）单击“上报”，弹出“选择”窗口，选择要上报的“项目计划”和“专项报告”。

2）单击“确定”，显示“发送上级成功（只发送核准的零购项目）”，并返回计划编制页面。

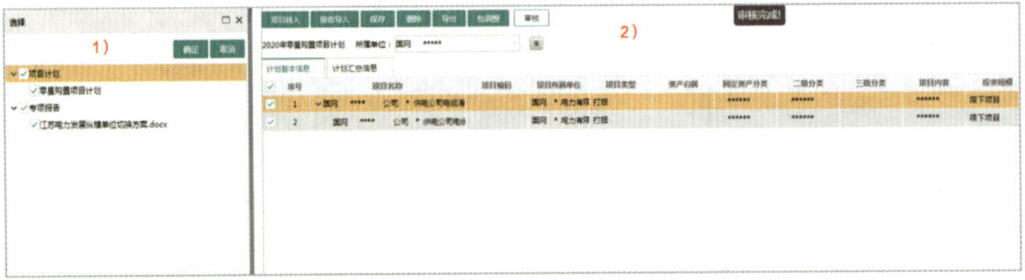

项目实施阶段

五、项目招标管理

（一）含义

项目招标是指招标人（买方）事先发出招标通告或招标单，提出品种、数量、技术要求和有关的交易条件，邀请投标人（卖方）在规定的时间和地点参加投标的行为，遵循“公开、公平、公正”和诚实信用的原则。零星项目招标主要包含国家电网/省公司集中批次招标、市公司授权招标和超市化采购三类。其中，集中批次招标与公司授权招标需经 ERP 系统提报需求，而超市化采购无需提报需求直接流转到电子商务平台。

（二）流程及管理要点

1 物资、材料需求编制
业务部门
• 物料编码
• 项目描述、数量
• 估算价格
• 需求时间等
2 技术规范书编制
业务部门
填写相应
规范书
3 招标批次对应与招标需求提报
业务部门
批次招标需求
授权招标需求
国家电网
/省公司
市公司

业务部门依据招标批次计划时间安排，通过 ERP 系统编报招标采购申请，同时在电子商务平台编报技术规范书。招投标管理部门根据招标项目的专业类型、规模标准，选择具有相应资格的招标代理机构，委托其开展招标代理业务。履行招标文件编制与审查、发标、开标、评标、定标程序后，将中标结果流转到相关信息系统，并在公司电子商务平台上发布。

1. 物资、材料需求编制

业务部门根据年度采购计划和项目建议书，完成需求编制，包括物料编码、项目描述、数量、估算价格、需求时间等。

要点提示 价格估算需尽量准确，防止后期因中标价格偏高无法采购。

2. 技术规范书编制

业务部门根据需要采购的物资在国家电网有限公司发布的技术规范书固化库中找到相应的技术规范书。

要点提示

技术规范书从国家电网固化库中选择，如无对应技术规范书，需新增纳入固化库。

3. 招标批次对应与招标需求提报

业务部门根据综合计划和国家电网有限公司/省公司下发的招标批次，在相应的时间内将需求提报至物资管理部门，通过 ERP 系统进行上报；对于授权招标类物资，需求只需要提交至市公司。

要点提示

需及时关注招标批次，防止因错过批次导致无法采购。

（三）重点系统操作

国家电网有限公司/省公司集中批次招标、市公司授权招标的物资由物资部门通过 ERP 系统上报采购需求，超市化采购项目由物资部门通过电子商务平台进行采购。

1.ERP 操作系统

（1）采购申请创建界面：

所选物料应与计划下达一致，“工厂”指的是各县公司 ERP 代码。

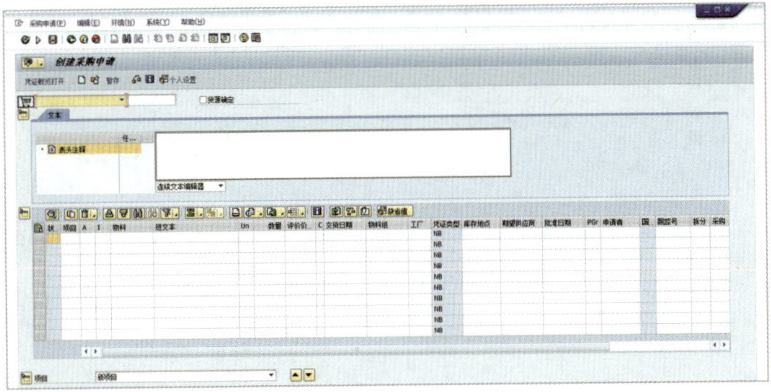

（2）技术规范书创建：

一个物料下面会有多个技术规范书，需求部门根据需要的设备型号参数选定技术规范书编号报给物资部门。

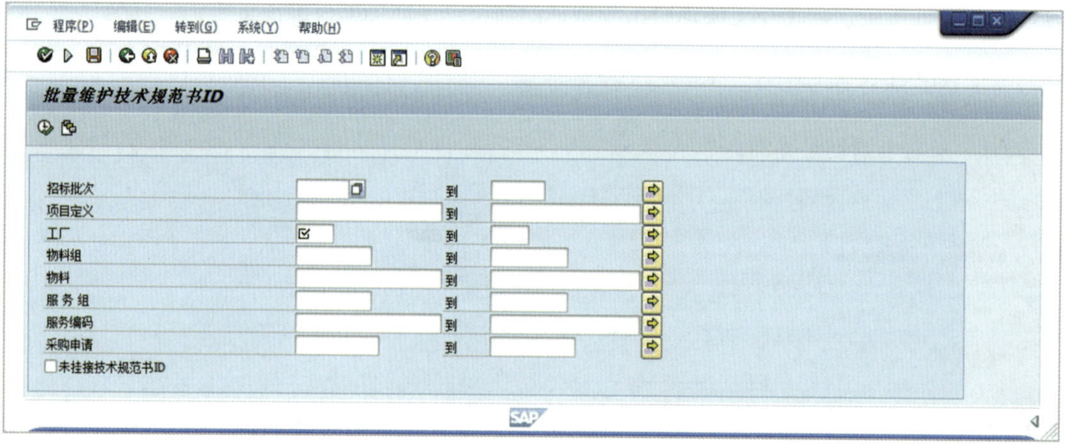

2. 电子商务平台

（1）商品选择：

所选商品应与计划下达类型一致。

（2）商品下单：

下单金额不得超出计划下达金额，否则将无法支付。

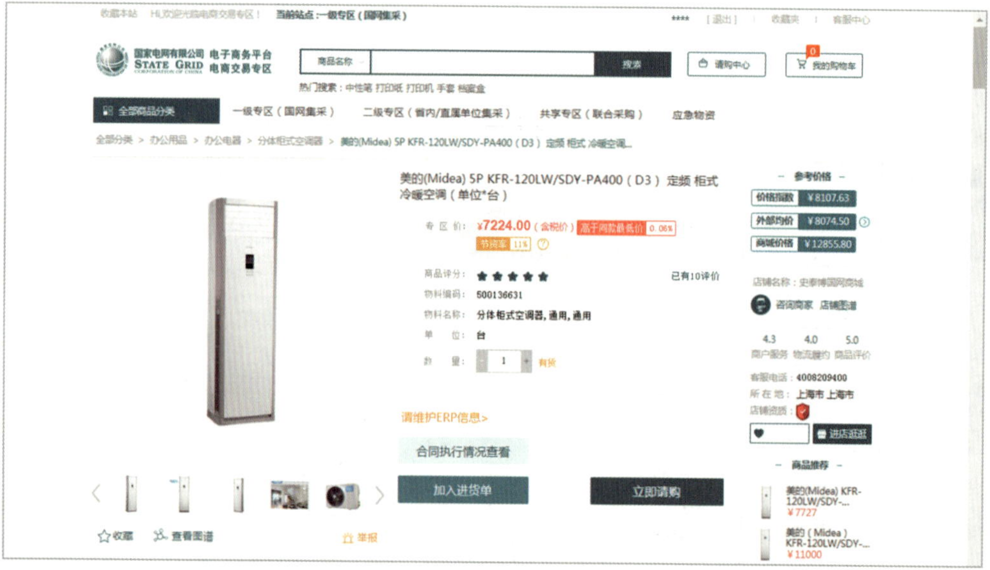

六、项目合同管理

（一）含义

合同管理是当事人双方或数方确定各自权利和义务关系的协议，是对项目合同的订立、履行、变更、终止、违约、索赔、争议处理等进行的管理，主要包括合同签订、合同履约等流程。

对于零购项目，集中招标采购（包括授权招标采购）为国家电网 / 省公司或市公司统一组织的招标方式，年度有专门的采购批次和采购物料，需要通过经法系统走合同流程。对于超市化采购项目，除了车辆以外其他设备采购不需要签订合同。

（二）流程及管理要点

1 合同签订
业务部门
30 天内完成与供应商
合同签订
2 合同履约
单位财务部
物资管理部
财务发票校验
项目到货支付
质保金支付

1. 合同签订

业务部门在中标通知书发布 30 天内完成与供应商合同签订。

要点提示　合同签订需及时，否则存在审计风险。对于超市化采购项目，除了车辆以外其他设备采购不需要签订合同。

2. 合同履约

（1）**财务发票校验**。各单位零购项目管理人员收到供应商提供的发票后，发起发票校验流程；财务部门对项目采购订单、款项性质、相关金额、附件和发票等信息进行审核，审核无误后，完成发票校验流程，支付合同款。

要点提示　仅允许发起一次结算款付款申请。

（2）项目到货支付。

卖方提供增值税专用发票

- 自合同生效，卖方交付合同中物资并向买方提供合同价格100%的增值税专用发票。

→ 60天内 →

买方支付合同款

- 买方将合同款一次性支付给电子商务平台第三方支付平台；
- 或买方通过线下方式向卖方一次性支付全部合同价款。

→ 3天内 →

支付平台结算价款

- 支付平台与卖方完成价款结算工作。

要点提示

（1）在不具备国网商城第三方支付平台支付的情况下，买方应通过其他方式即线下方式一次性支付全部合同价款。

（2）付款应在合同约定的日期内完成。

（3）**质保金支付**。支付质保金时，结算款未支付，不能支付质保金；未发起过结算款申请，不允许发起质保金付款申请。

要点提示

本次质保金支付不允许超上限，上限公式：质保金科目余额—历史已支付质保金金额。

（三）重点系统操作

1. 经法系统

（1）合同起草：

1）起草页面左上角标有 * 号的项为必填项，若标有 * 号的未填写或未选择，合同会在送审时进行相关校验，并进行提示。

2）合同起草时只填写“合同名称”就可以保存，但送审必须将所有的必填项填写完整。

3）合同起草时，若是导入合同文本需与文本最新模板选择一致，否则无法保存合同正文。

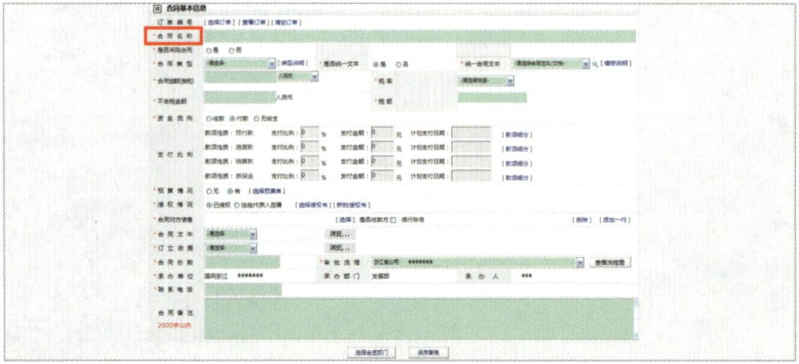

（2）合同流转：

1）在选择会签部门的窗口，可选部门中不包含合同审批流程中已固化的部门；如图所示，包括物资部、财务部、法律部、公司领导。

2）选择会签部门时不能选择承办部门。

3）如果不需要选择相关业务部门，承办人可以直接点击右上角的【送审】选择承办部门内部人员审核。

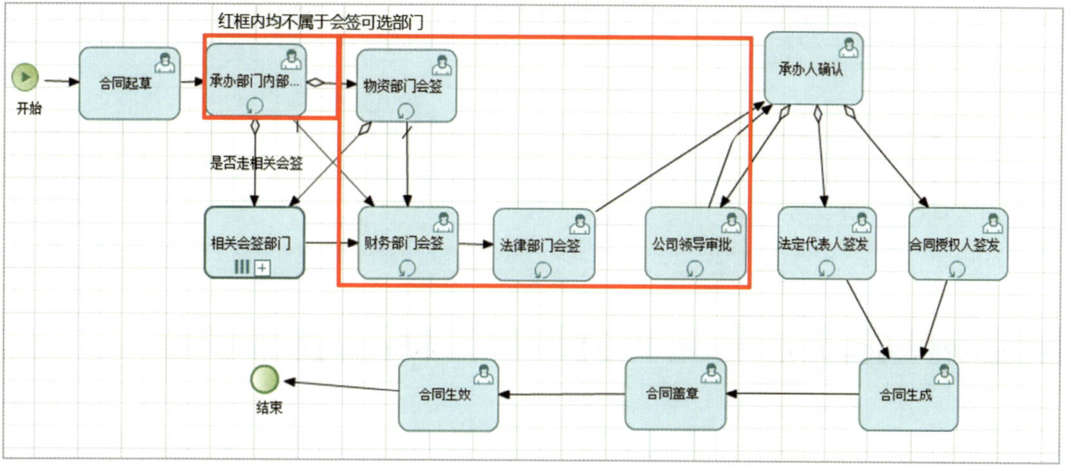

（3）合同生成：

在合同正本及合同附件的每页左上角生成二维码并且把文档进行加密处理。

说明：只生成 Wps 文档和 Word 文档，其他格式文档不能生成二维码；合同二维码扫描结果为合同编号。

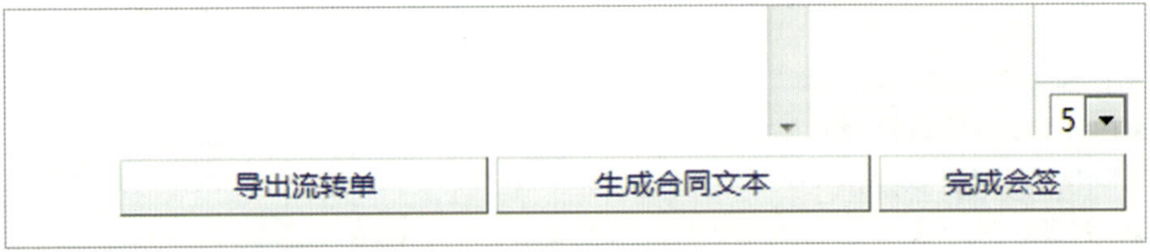

（4）合同生效：

合同处于生效环节并不代表合同已经生效，在此环节承办人需要填写合同的签订日期及合同生效日期，然后点击【确定合同成立】按钮后合同正式流转完毕如图。

七、项目物资管理

（一）含义

项目物资管理包含物资的全供应链管理以及服务的需求计划与采购管理。物资的全供应链管理包括物资的计划、采购、合同、质量监督、仓储调配、应急物资、废旧物资处置、供应商关系，以及与之配套的标准化、信息化、档案管理等支撑保障措施和监察、考核机制流程及管理要点。

（二）流程及管理要点

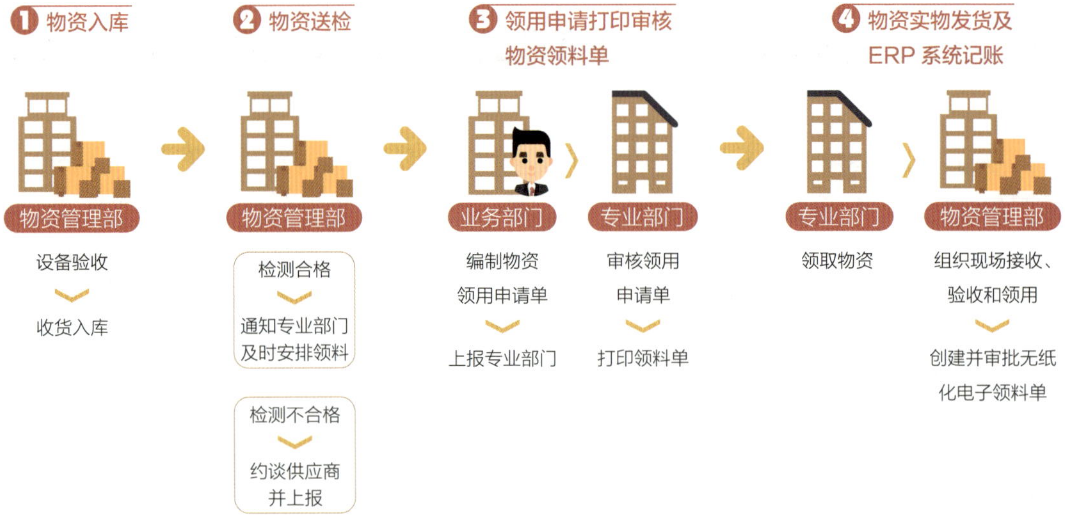

1 物资入库
物资管理部
设备验收
收货入库
2 物资送检
物资管理部
检测合格
通知专业部门及时安排领料
检测不合格
约谈供应商并上报
3 领用申请打印审核物资领料单
业务部门
编制物资领用申请单
上报专业部门
专业部门
审核领用申请单
打印领料单
4 物资实物发货及ERP 系统记账
专业部门
领取物资
物资管理部
组织现场接收、验收和领用
创建并审批无纸化电子领料单

1. 物资入库

物资到货后，物资管理部门告知专业部门，由物资管理部门组织相关人员进行设备验收，验收合格后完成收货入库任务。

2. 物资送检

物资管理部门根据物资类型完成入库送检。检测机构将检测报告反馈物资管理部门，若检测合格，物资管理部门通知业务部门及时安排领料。

要点提示

检测机构将检测报告反馈物资管理部门，若检测不合格，物资管理部门约谈供应商并将约谈内容上报上一级物资管理部门。

3. 领用申请打印审核物资领料单

物资检测合格后，业务部门根据上报的材料领用计划，结合实际需求编制物资领用申请单，并上报专业部门审核。专业部门根据物资到货计划，审核领用申请单后，打印领料单；审核物资领料单。

> **要点提示**
>
> 1. 领料前单据上应有专业部门审核并签章。
> 2. 各级物资部门应建立平衡利库的长效机制，及时将需平衡利库的物资通过信息系统发布利库信息，减少库存物资的长期积压。

4. 物资实物发货及 ERP 系统记账

专业部门依据审核后的领料单到物资管理部门领取物资。设备因存放等原因需直发现场的，物资管理部门组织专业部门到现场接收、验收和领用；物资管理部门负责根据领料单，在现代智慧链管理平台（EWMS）完成出库操作，在 ERP 系统无纸化办公平台完成电子领料单创建，审批电子领料单，并将零购设备、相关资料交由领料人员。

要点提示

物资管理部门进行物资出库发料时，有配套设备（包括附件、工具备件等）、相关资料（包括但不限于合格证、说明书、装箱单、技术资料、商务资料等）的，应一并交予领料人员。

（三）重点系统操作

1. 现代智慧供应链管理平台

（1）入库管理 – 入库任务：

登入现代智慧供应链管理平台，点击“入库任务”。

（2）入库管理 – 入库单处理：

点击“入库单处理”，在筛选框中选择合适关键词进行筛选，则可查询对应入库单。

（3）出库管理－订单任务：

对于订单任务，在以下界面点击“订单任务—订单管理”，则可进行对应操作。

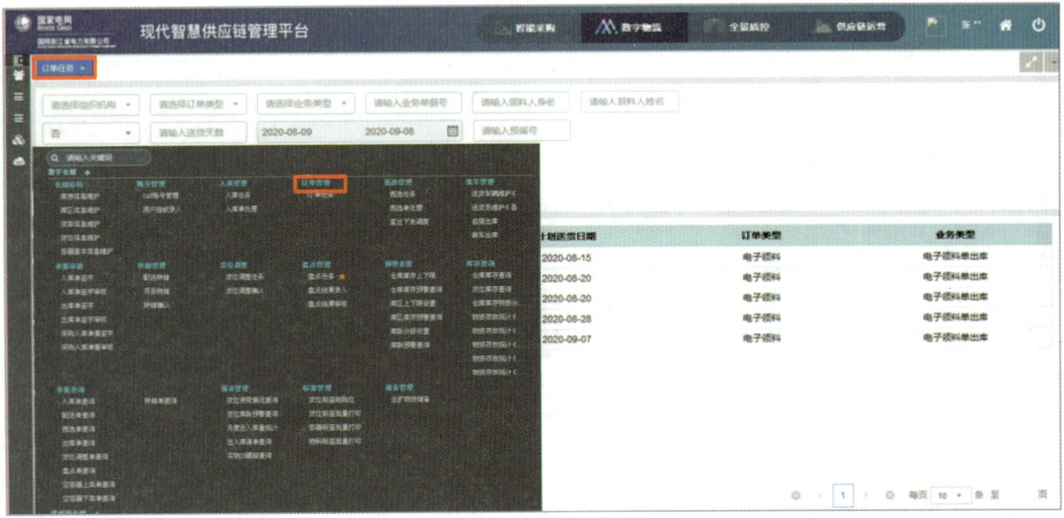

（4）出库管理：

后续流程点击：① 拣选任务 ② 拣选单处理 ③ 自提出库 ④ 出库单签字 ⑤ 出库单签字审核。

（5）无纸化流程：

1）点击领料出库 -【创建】按钮。

2）填写预留号、批次、领料人信息，领料方式；送货方式、需求日期、上报期限、是否从业人员，根据实际情况可进行更改。

3）勾选所需领用的物料，领用数量可自动填充可更改。

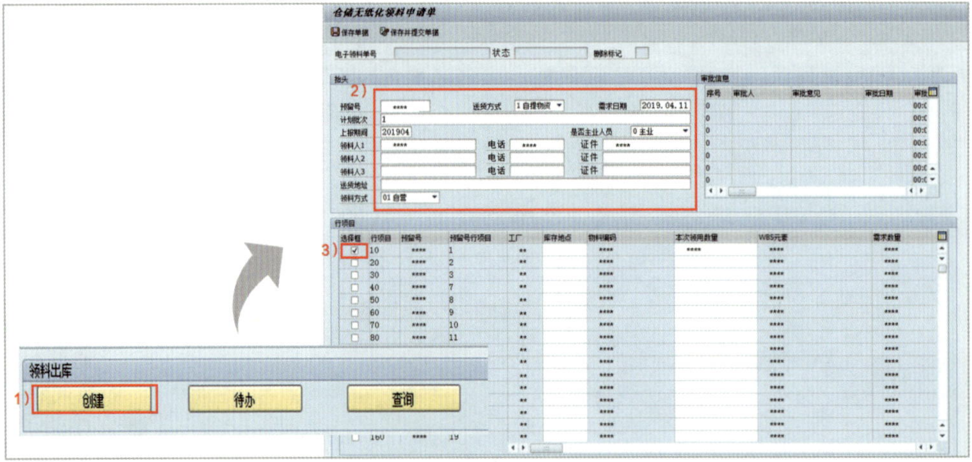

4）点击选择部门。

5）点击下拉三角切换人员。

6）点击确认按钮。

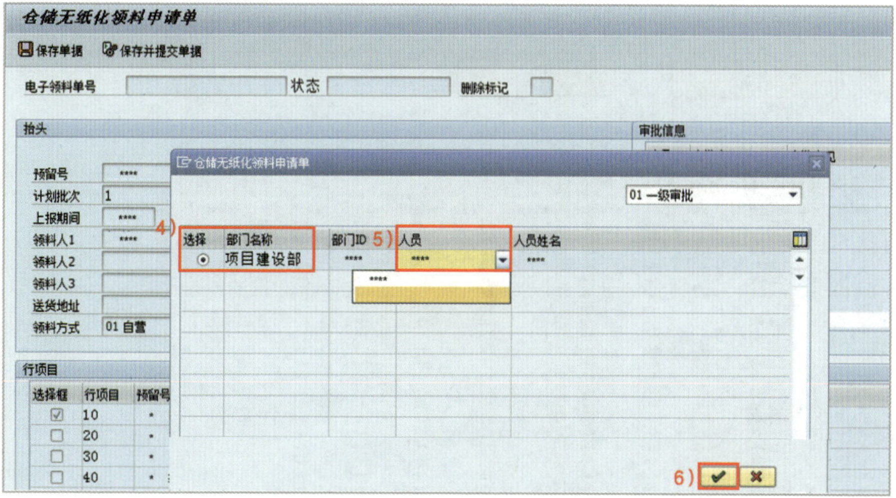

7）点击领料出库 -【待办】按钮。

8）勾选需审批的单据。

9）点击相应按钮。

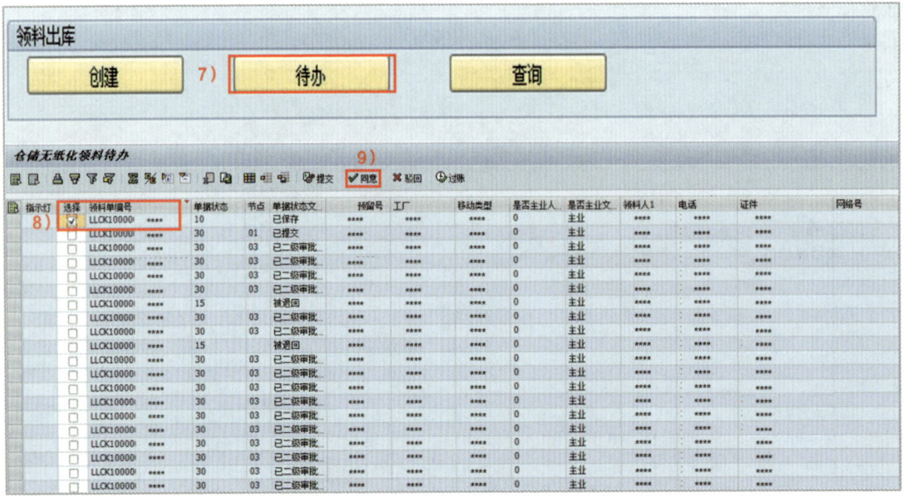

八、项目关闭

（一）含义

项目关闭是指确认零购项目流程结束后，各单位财务部在固定资产零购项目完成当月，通过 ERP 系统进行项目关闭，是零购项目闭环的最后一步，确保了零购项目的完整性。

（二）流程及管理要点

项目关闭：

省公司职责	负责检查、监督各单位在项目完成当月及时关闭项目。
各单位职责	负责在项目完成当月及时关闭项目。
部门职责	财务部负责在项目完成当月后，及时关闭项目。

要点提示

（1）须按季度对固定资产零购项目进行检查。
（2）项目关闭须在完工结算当月完成。

（三）重点系统操作

1.ERP 操作系统

项目关闭：

1）选择项目：通过“项目构造器”的事务码 CJ20N 进入该界面，点击选择要进行关闭的相应项目。

2）关闭项目：通过“编辑－状态－关闭－集合”对相应项目进行关闭；关注系统状态是否变为“关闭”，是否变更为“CLSD”；确认变更后，点击进行保存，项目关闭操作完成，项目整个生命周期结束。

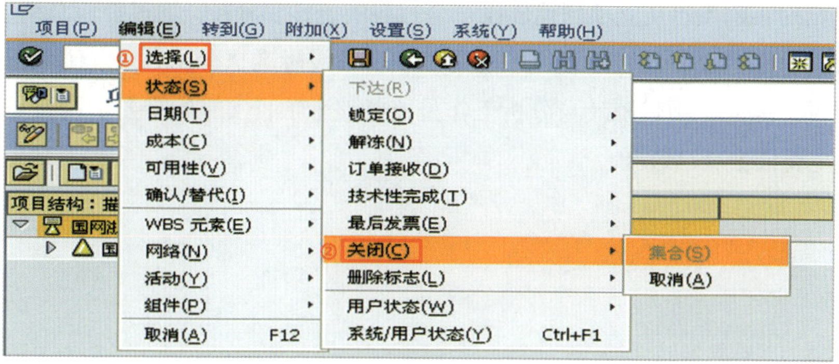

评价管理阶段

九、项目统计与分析

（一）含义

项目统计与分析是指对零购项目从立项到建成投产全过程的统计和分析，通过经验总结，有利于提高项目立项决策水平、工程项目建设组织能力和项目建设标准执行能力，以便真正达到项目科学管理的目的。同时，项目统计与分析工作是监督整个项目实施的重要手段，是项目制定政策和计划的主要依据。

（二）流程及管理要点

❶ 月度统计

发展（建）部

分析项目情况

↓

发送本单位
相关部门

→

❷ 季度分析

发展（建）部

- 月度统计情况
- 动态监督检查情况
- 项目计划完成情况
- 资金完成情况

→

❸ 定期通报

发展（建）部

通报进展情况
和存在问题

↓

督促整改

→

❹ 年度考核

发展（建）部

年度考核

↓

发布通报并
考核报告

1. 月度统计

发展（建）部零购项目管理人员每月底在互联网＋发展平台“节点－资金查询展示”模块统计项目招标采购、合同签订、财务支出入账等信息，分析项目执行情况，发送本单位相关部门。

要点提示

项目实施进度计划需满足里程碑计划要求，滞后里程碑计划的需分析原因、督促进度管控。

2. 季度分析

发展（建）部零购项目管理人员每季度末对零购项目实施情况进行分析，其中包括月度统计情况、动态监督检查情况、项目计划完成情况、资金完成情况，并在此基础上形成分析报告，主要体现项目实施进度完成情况、主要项目进展情况、存在问题及对策等，并提交项目管理上级部门。

要点提示 对季度完成计划严重滞后、现场动态监督管理过程中发现问题较严重的要进行通报考核。

3. 定期通报

发展（建）部零购项目管理人员结合各单位的分析报告及动态监督检查情况，对项目进展情况及执行环节存在问题进行通报和督促整改。

要点提示

通报内容主要涉及项目资金进度、系统操作规范性及日常监督过程中发现的问题。

4. 年度考核

上级发展部门根据《零购项目实施管理细则》对下级单位零购项目管理工作实行年度考核，形成报告并发布通报。

（三）重点系统操作

1. 互联网 + 发展平台

项目统计与分析：

通过资金查询展示可看到零购项目的具体的 ERP 下达资金、总投资、资金完成率及完成率在全市的排名情况，以了解更多跟资金进度相关的信息。

PART 3 案例篇

本篇结合实际工作经验，总结零购项目管理过程中常见的管理类和操作类案例，并提供相应的解决方案及案例点评。

一、管理类典型案例

案例一：计划编制偏差较大

1. 情景描述

某供电公司仓储 PDA 购置项目，项目的匡算的资金额度为 3.6 万元，计划下达资金为 3.6 万元，财务预算资金为 3.19 万。在项目招标过程中，仓储 PDA 设备的实际价格为 1.62 万元，项目的实际使用金额仅占下达金额的 45%，造成项目资金利用率偏低。

2. 解决方案

与业务部门确认该项目是否已实施完毕；若实施完毕，结合计划调整批次，对结余资金进行平衡，统一分配。

3. 案例点评

后续针对零购项目要把好计划审查关，充分做好项目计划审查，确保项目计划准确，避免出现计划偏差过大的情况。

案例二：系统操作有误影响项目推进

1. 情景描述

某供电公司打印机购置项目执行过程中，项目管理人员在操作 ERP 系统时出现错误，导致项目被锁定，项目锁定后基层管理人员不能解除锁定，需要上级单位解锁后才能继续发起流程，项目被锁定使项目不能正常发生费用从而不能有序推进，影响了公司零购项目的资金完成率。

2. 解决方案

加强与上级部门沟通，争取早日解决项目 ERP 系统被锁定问题，使项目可以正常发生资金，提升公司零购项目的资金完成率。

3. 案例点评

后续针对零购项目，要熟悉整套 ERP 操作流程，熟练掌握系统各项功能，要提前做好与上级部门的沟通，及时了解项目情况，跟踪项目执行进度，避免出现类似情况。

案例三：项目执行过程中出现偏差

1. 情景描述

某供电公司仪器仪表购置项目中，该项目的内容为购置某一种设备，但由于实际工作需要，在采购物资时，实际购置了两种设备，并没有按照项目建议书要求采购，导致项目实际内容与计划内容存在偏差。

2. 解决方案

加强项目管理，做到项目按计划实施，避免出现项目内容随意更改的情况。

3. 案例点评

后续针对零购项目要加强项目内容的跟踪和管控，制定相应的考核机制，加强计划刚性执行管理，避免出现项目执行过程中出现偏差。

案例四：车辆购置税预测出现偏差

1. 情景描述

某供电公司 2019 年小型轿车报废更新项目，项目总投资为 18 万元，包括项目税金和项目本体金额，在计划编制时税金按现行的税金进行计算，但由于国家税率相关政策的变化，在项目执行过程中实际需要的增值税税金比计划的税金要高，导致项目实际需求总金额超过了项目总投资，影响了项目资金发生率。

2. 解决方案

通过与上级部门沟通，针对增值税相关资金使用方式进行了沟通、汇报，在上级部门的指导下通过更改项目计划、增加项目预算解决了资金不足的问题。

3. 案例点评

在项目下达计划时，要充分考虑各项税款，充分了解相关政策，高质量编制项目计划，使项目计划具备可实施性，避免因类似问题导致项目不能有序开展。

案例五：项目招标跟踪不到位

1. 情景描述

某供电公司生产普通车辆报废更新项目，项目在完成计划编制、资金下达后，提报招标需求时无法找到相应需求。同时由于项目管理人员跟踪不到位，错过了在第二批招标中补充提报相关招标需求信息的机会，导致项目相关信息不能按计划上报，项目延后无法有序推进。

2. 解决方案

在后续的项目管理中，密切关注招标信息，在后续的招标批次中及时、规范的上报招标信息，确保项目有序开展。

3. 案例点评

在项目管理工作中要密切跟踪项目的全过程，特别是需要招标的项目，要重点关注招标事宜，确保项目按计划有序开展。

二、操作类典型案例

案例一：物料编码未维护导致采购申请创建失败

1. 情景描述

某供电公司在电子商务平台项目物资管理环节中，创建采购申请时，提示“M××××物料 5000-××××-× 在工厂 LSL2 中未被维护”。

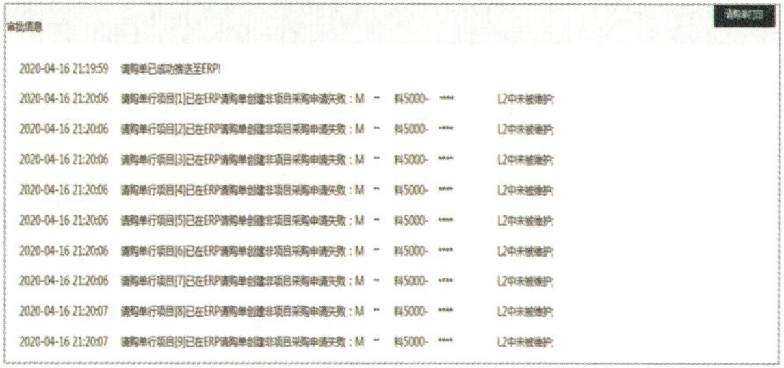

2. 解决方案

在 ERP 中输入代码 MM01，输入物料（5000-2496-6）、行业领域（机械工程）、物料类型（原材料），按回车后，在跳出的选项框中的工厂一栏输入公司代码（LSL2），库存地点公司仓库（IKC1），确认后完成物料维护并保存。

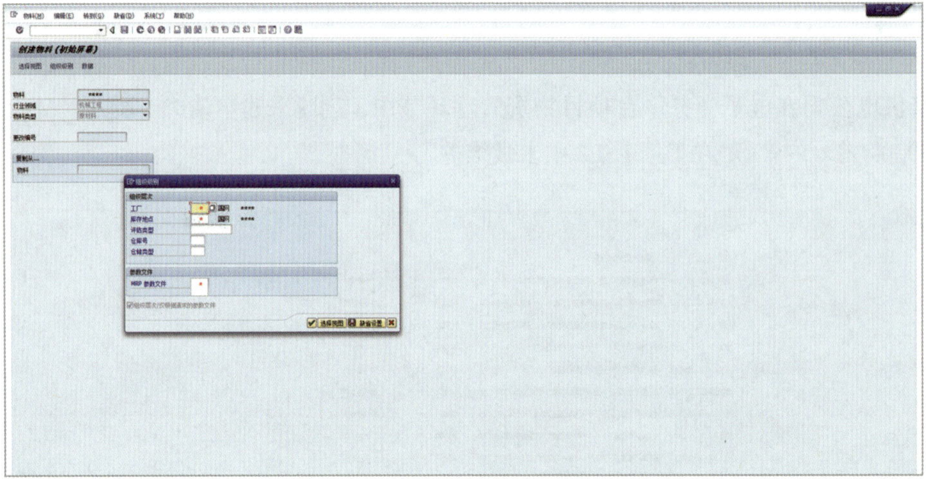

3. 案例点评

在国网电子商务平台中创建采购申请后，采购申请信息会被推送至ERP中进行物料匹配。如在ERP中未维护该物料信息，将会提示物料在工厂中未被维护，因此在创建采购申请前，需在ERP中先维护物料编码。

案例二：供应商未维护导致采购申请创建失败

1. 情景描述

某供电公司在电子商务平台项目物资管理环节中，创建采购申请时，提示“06 × × × 供应商 × × × 未由采购组织 L201 建立”。

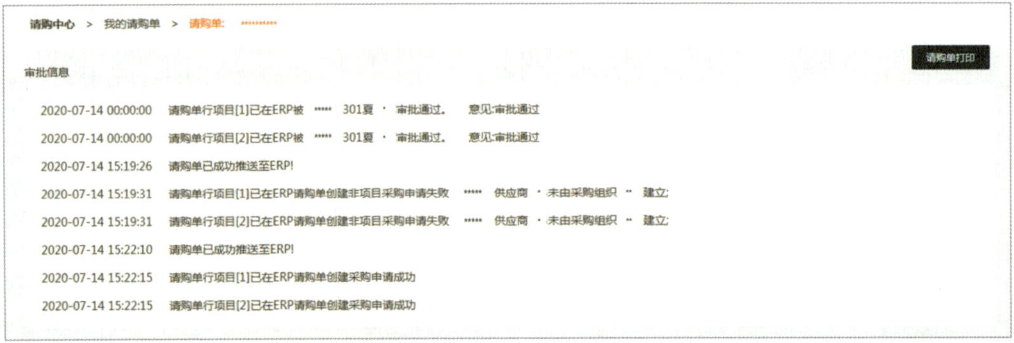

2. 解决方案

在 ERP 中输入代码 XK01，在供应商一栏根据供应商名称检索供应商代码，在公司代码一栏输入公司代码（LSL2），在采购组织一栏输入 ××××（L201），确认后完成供应商其他信息的维护并保存。

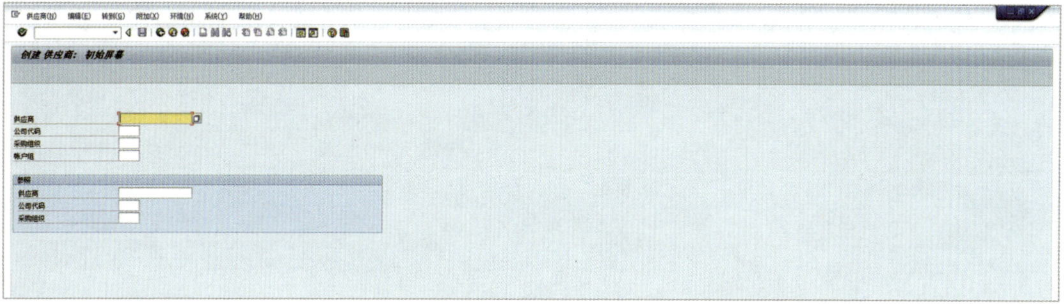

3. 案例点评

在电子商务平台中创建采购申请后，采购申请信息会被推送至 ERP 中进行供应商匹配。如在 ERP 中未维护供应商，将会提示该供应商未由采购组织建立，因此在创建采购申请前，需在 ERP 中先维护供应商信息。

案例三：物料被冻结导致无法使用物料

1. 情景描述

某供电公司在项目物资管理环节中，在 ERP 中维护物料时，提示“在集团级别设置删除标志”。

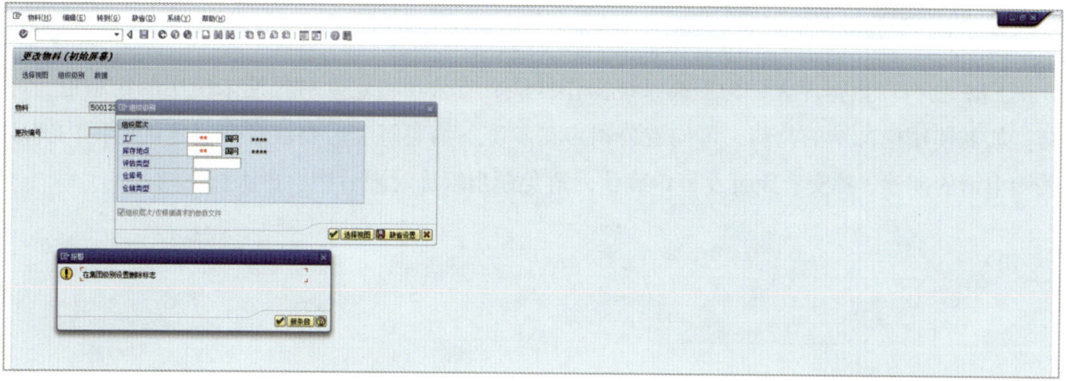

2. 解决方案

填写物料解冻审批单（包括物料编码、物料描述、问题类型等信息），经物资分中心主任审批同意后，反馈至省公司运维，申请解冻物料一定时限（一般为 3 小时），运维后台解冻后，可在规定时间内使用该物料。

3. 案例点评

ERP 物料库数据庞大，为提高系统操作性能，省公司将定期对长期未使用的物料进行冻结。如需使用已冻结的物料，可向省公司申请解冻。物料解冻后要注意在规定的时间内完成采购申请的创建、提交、审批及订单确认，避免超出解冻时限后物料再次被冻结。

案例四：项目预算不足导致 ERP 过账失败

1. 情景描述

在项目物资管理环节中，某供电公司在物资出库时，遇到在现代智慧供应链管理平台中接收无纸化领料订单时无法保存信息、并提示“ERP 过账失败，项目超过年度综合计划下达值”的情况。

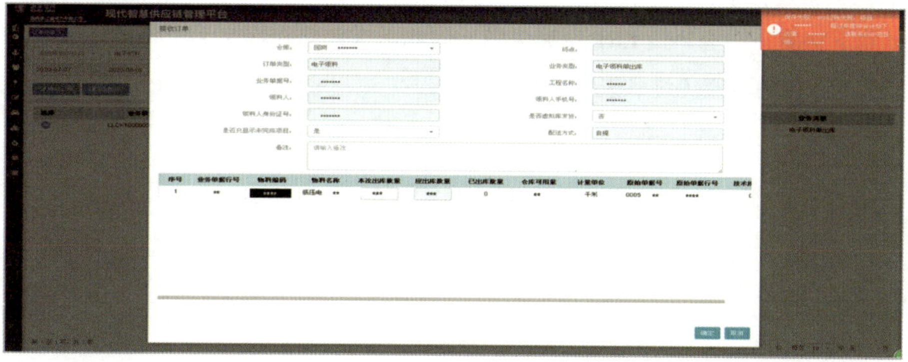

2. 解决方案

物资部门联系业务部门确认项目已经下达，系统设定资金与实际下达资金情况。如不相符，需联系财务部门进行预算调整后再进行 ERP 过账。

3. 案例点评

无纸化领料过程中，系统会自动核对领料数量和项目资金。如与预留数量不符或项目超过综合计划下达值，均会导致 ERP 过账失败，因此需求部门在提交无纸化领料单前，需核对数量及资金的正确性，避免过账失败情况发生。

案例五：项目未下达导致无法挂接物料

1. 情景描述

某供电公司在项目物资管理环节中，在 ERP 预留创建环节时无法完成物料挂接操作。

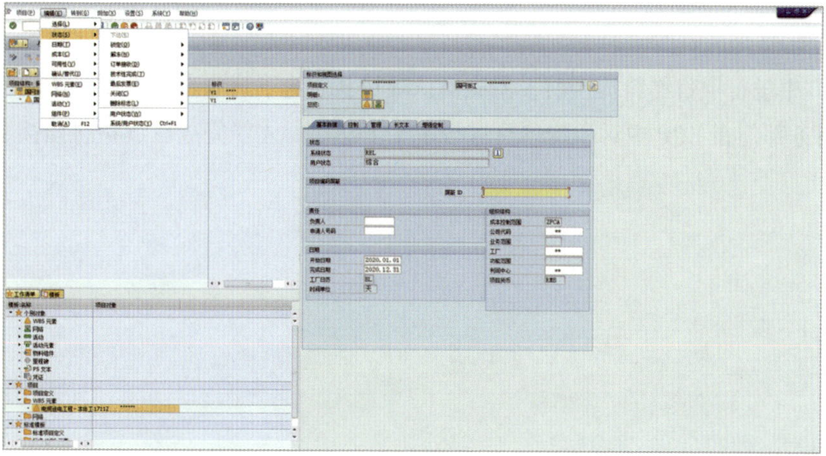

2. 解决方案

在 ERP 中，先确认项目状态为下达状态。如项目还未下达，需在 ERP 中，点击编辑 - 状态 - 下达，完成项目的下达操作。

3. 案例点评

在 ERP 中进行项目物料挂接前，需先确认项目状态为下达状态，否则无法完成物料挂接操作，需财务部门在 ERP 中对零购项目进行手工下达后，才能完成后续物料挂接、出库、退库等操作。